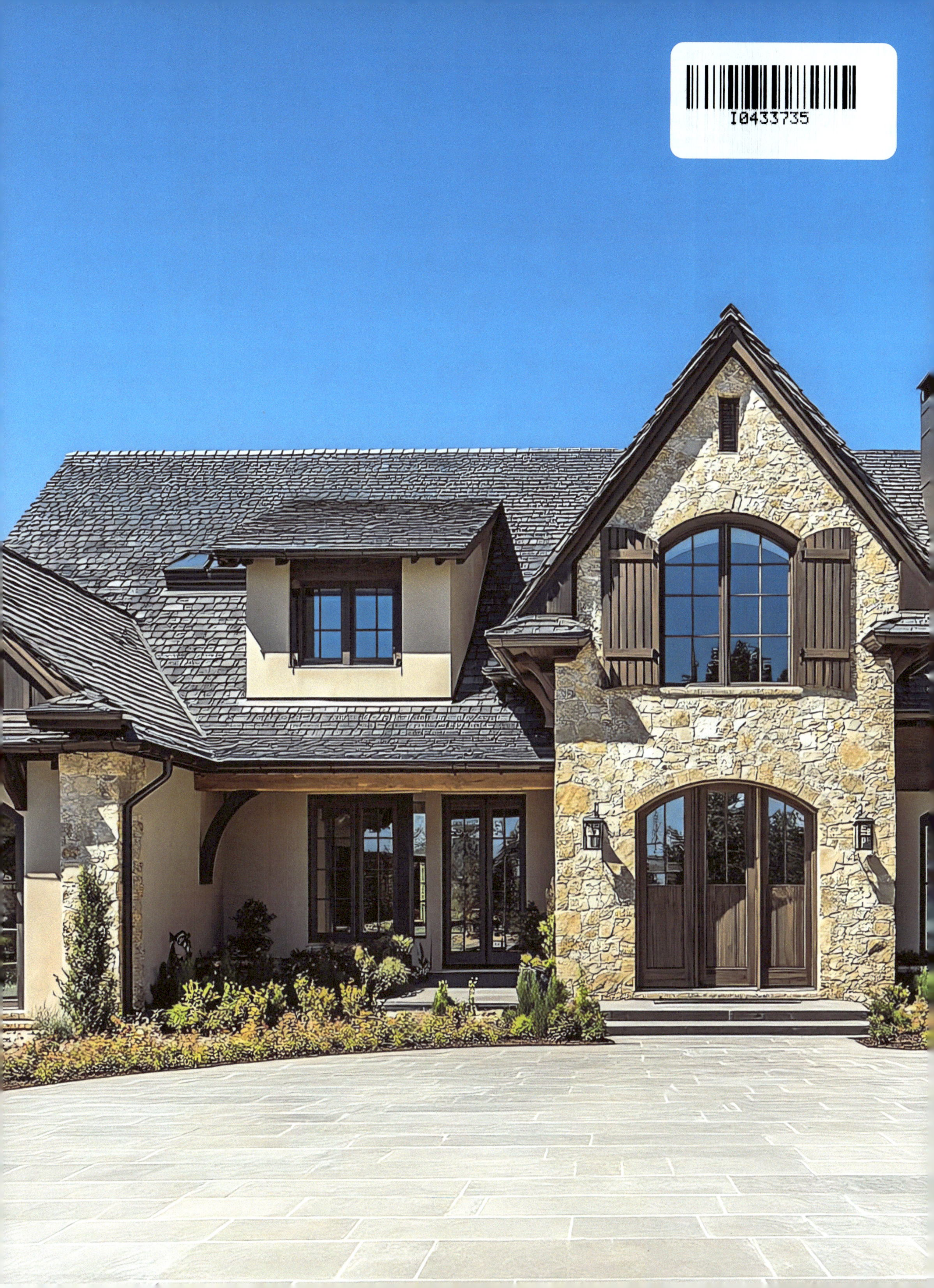

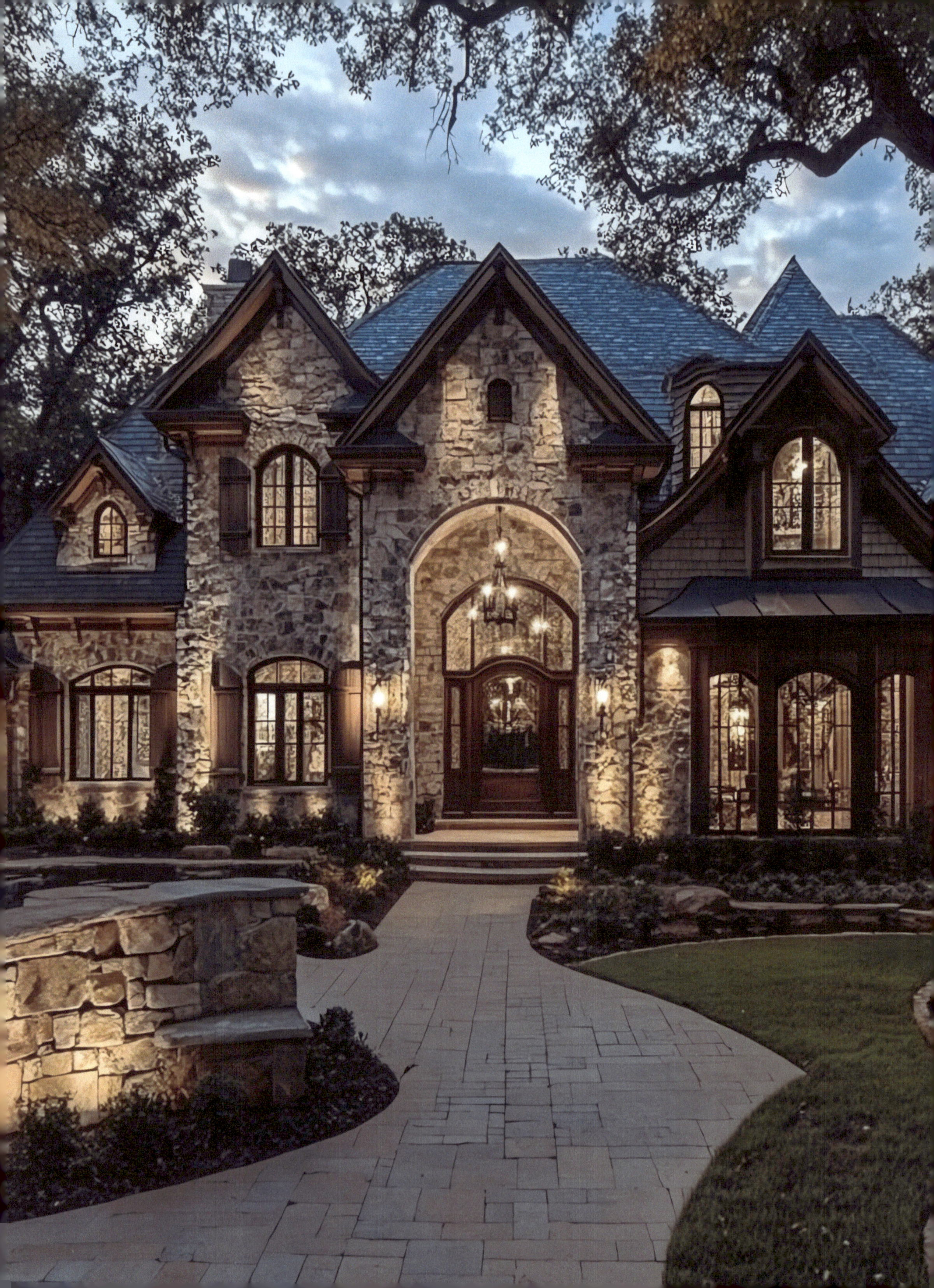

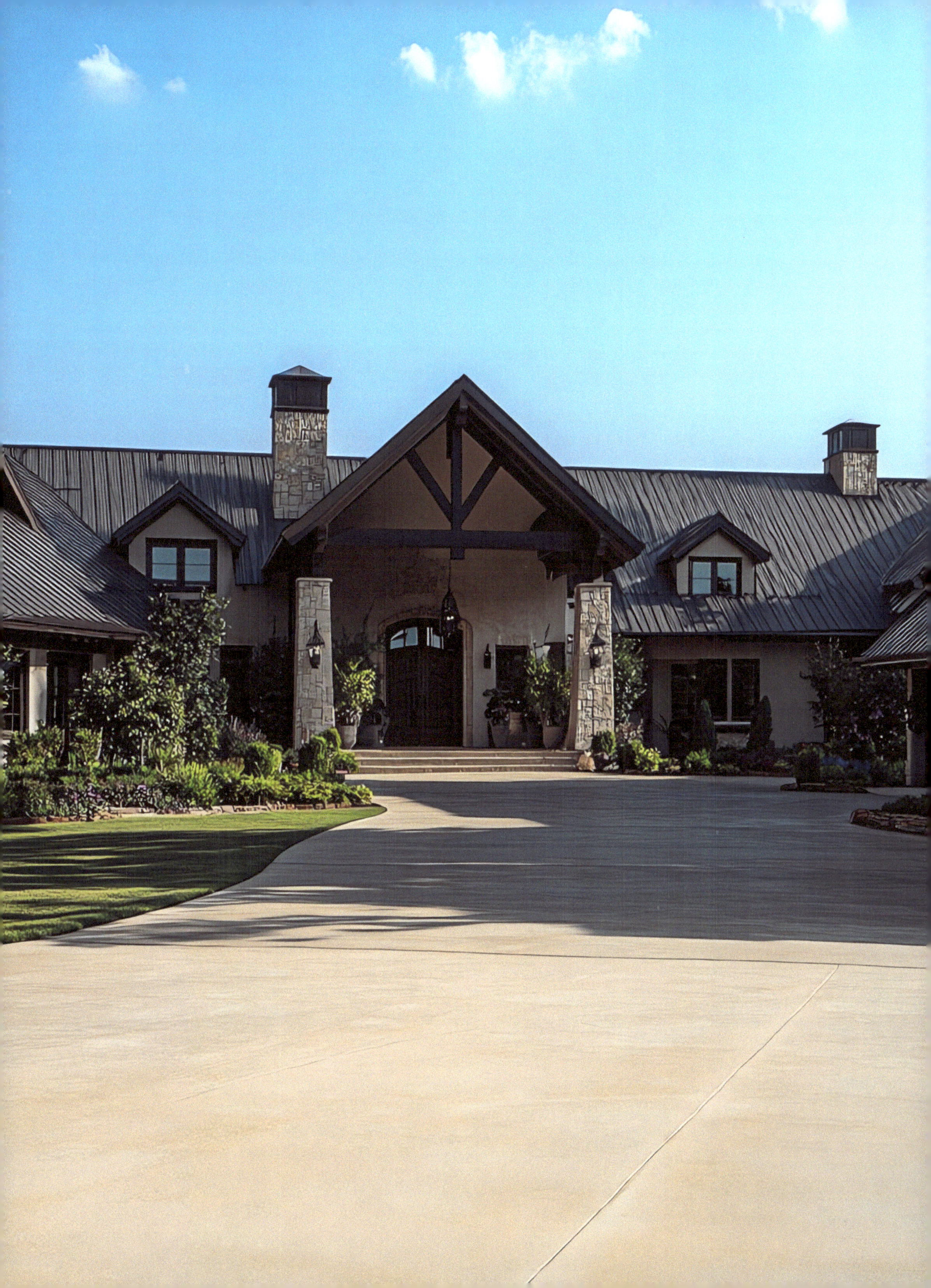

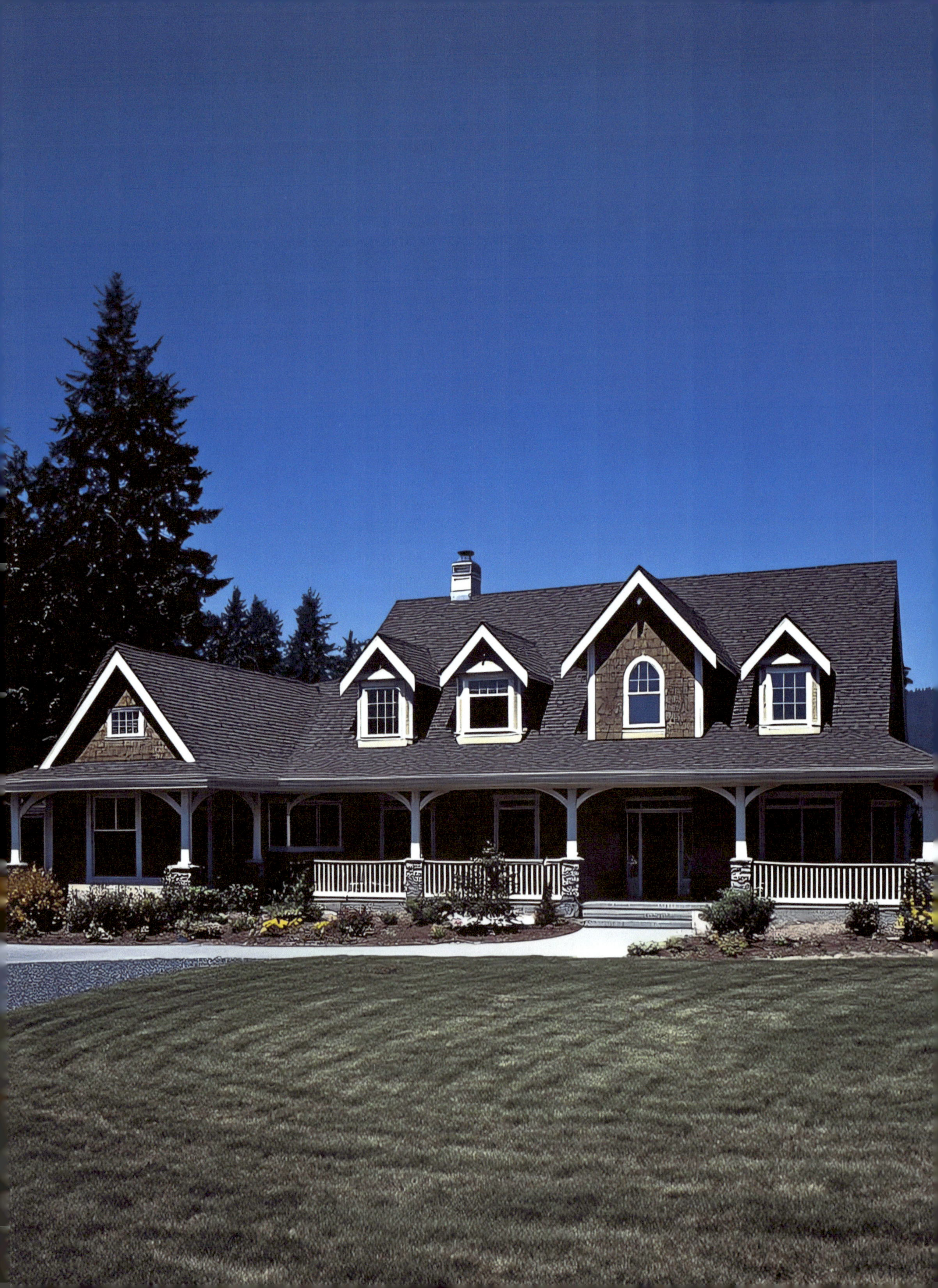

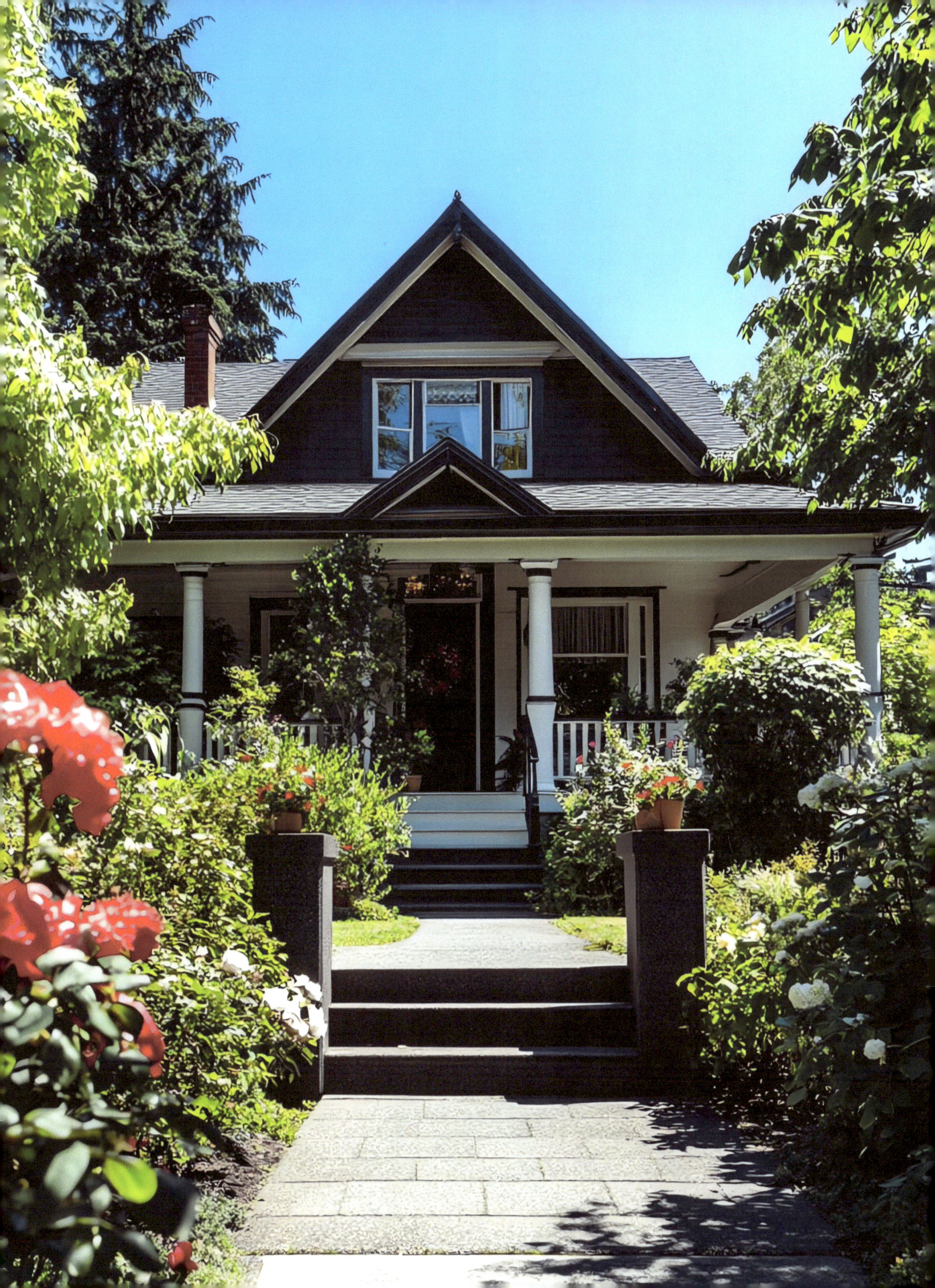

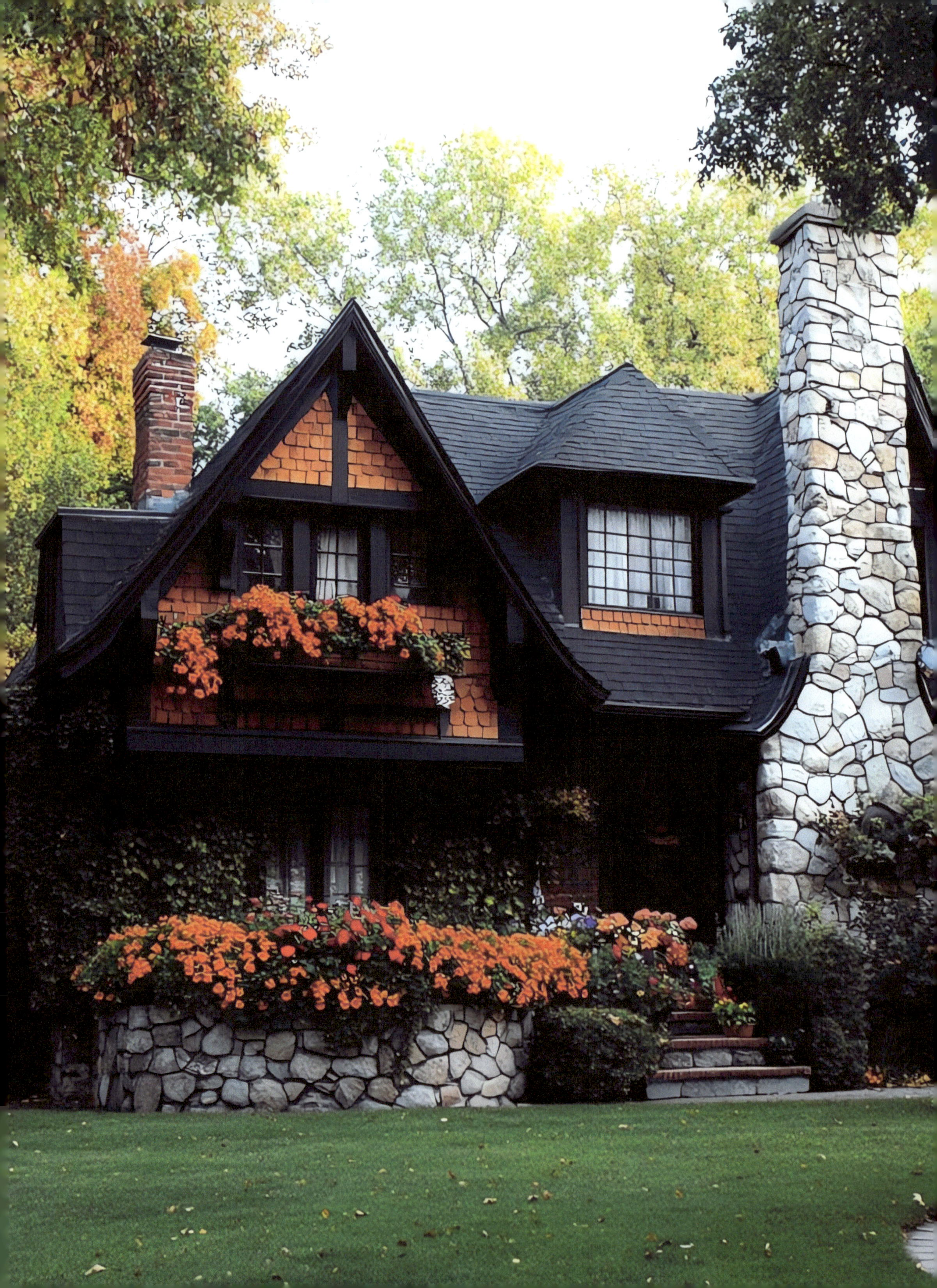

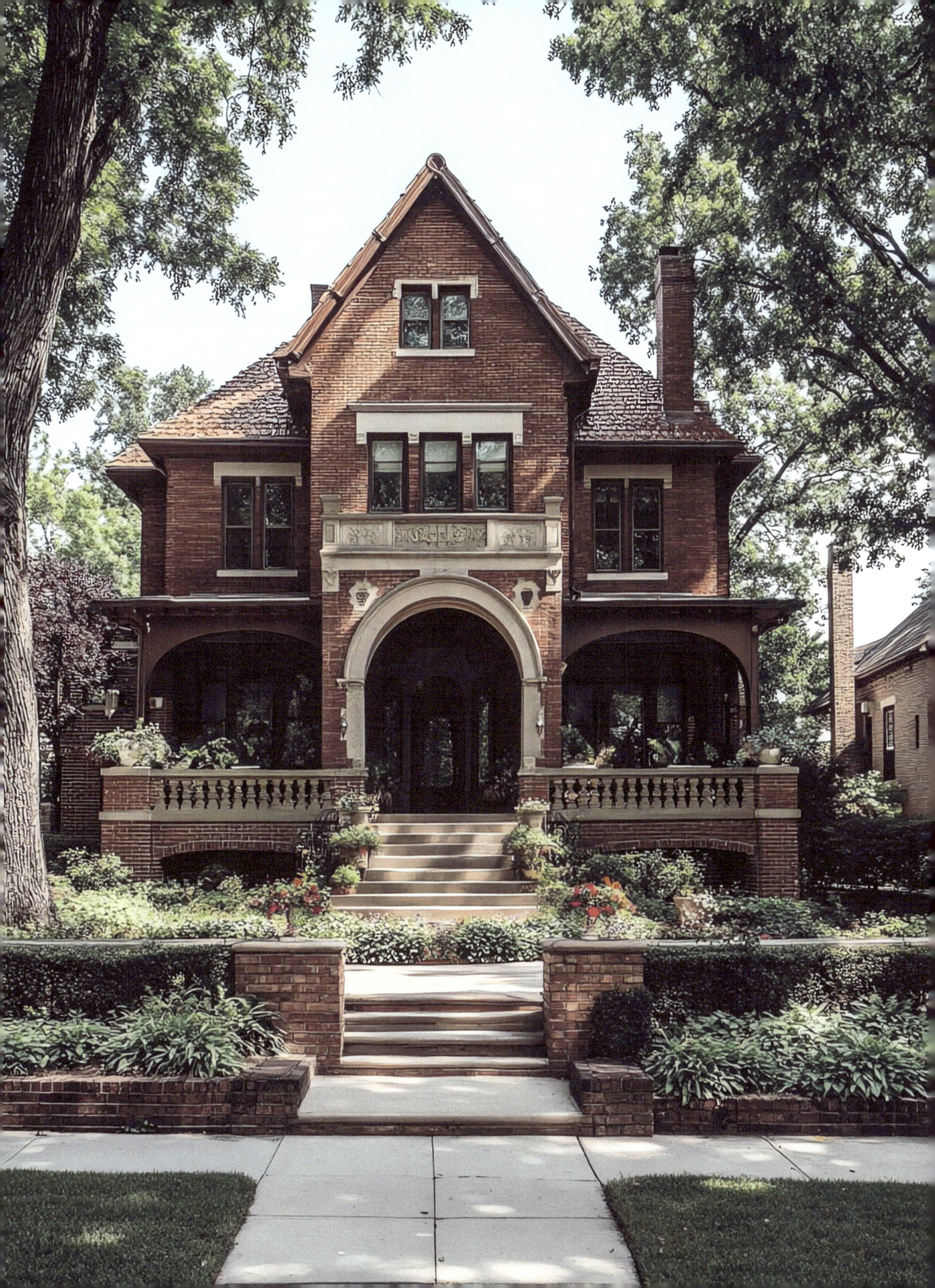

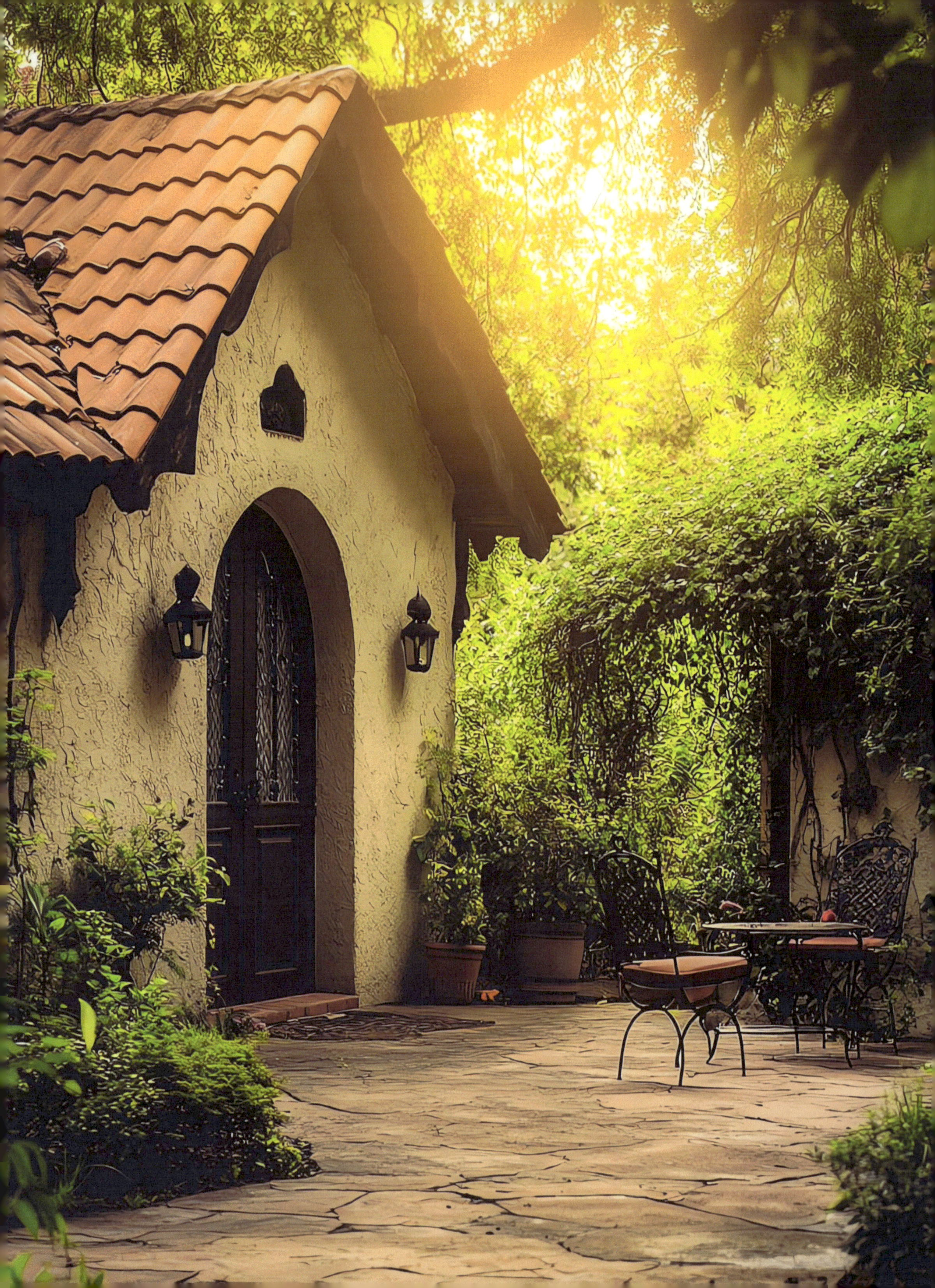

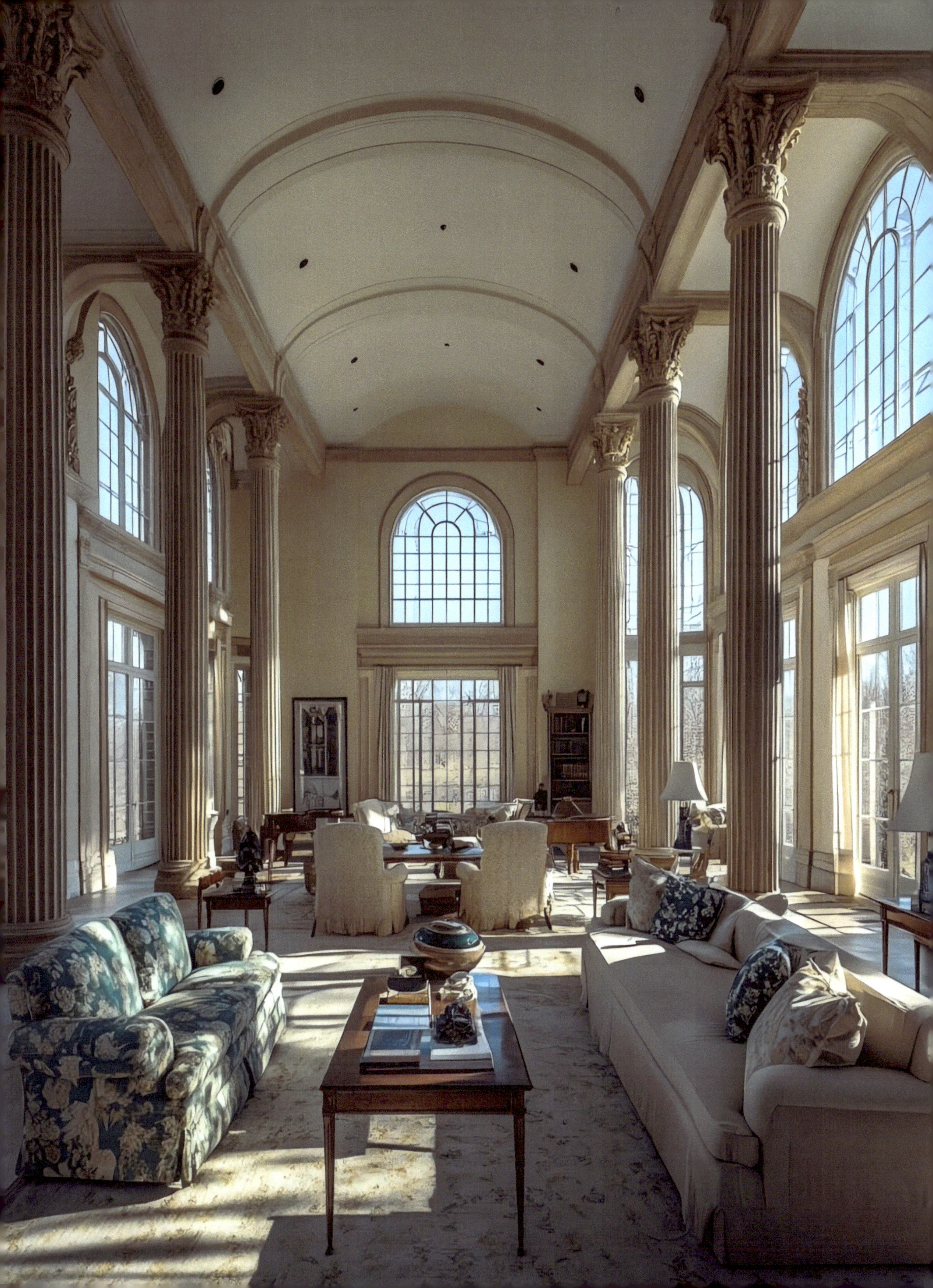

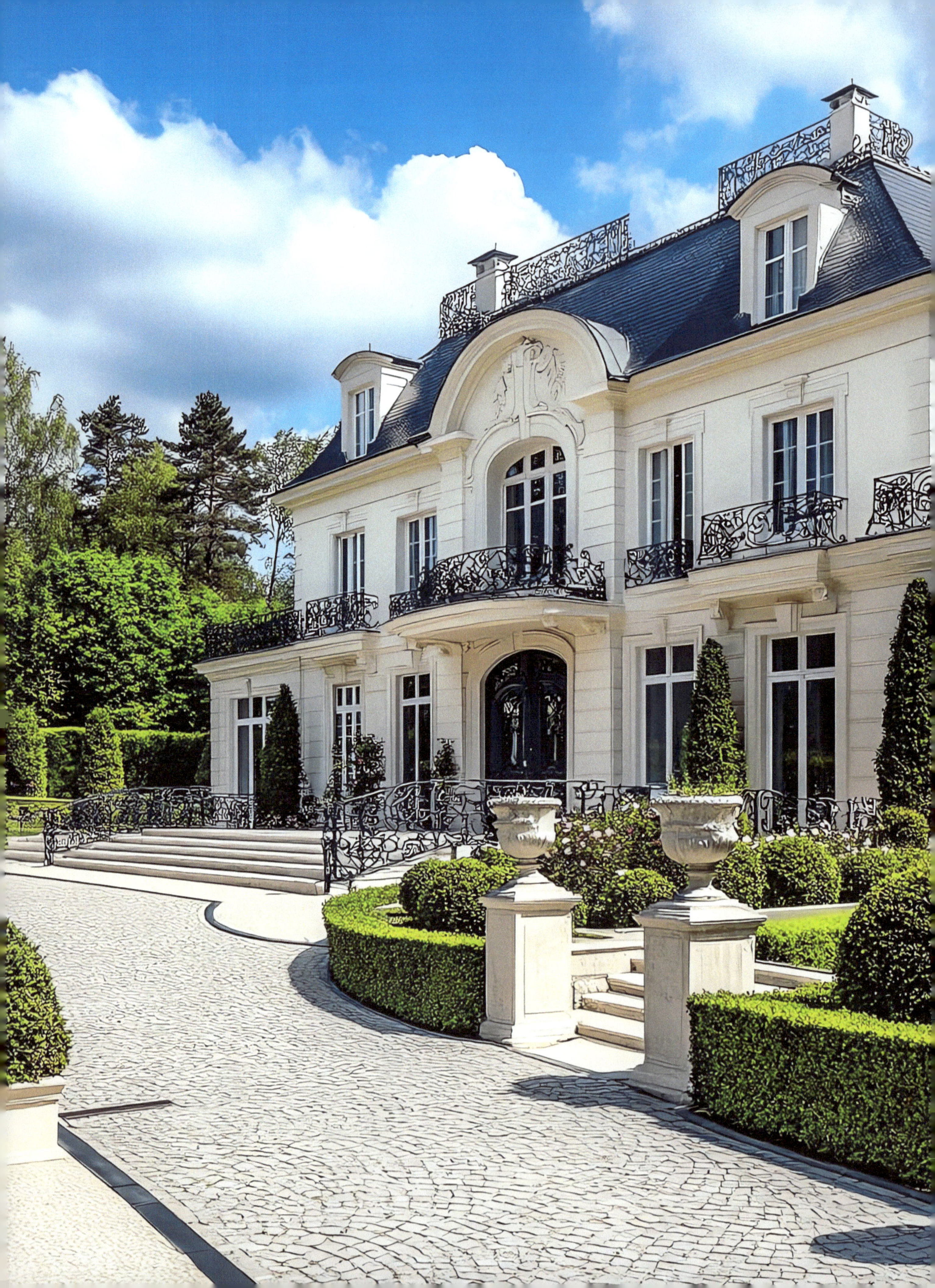

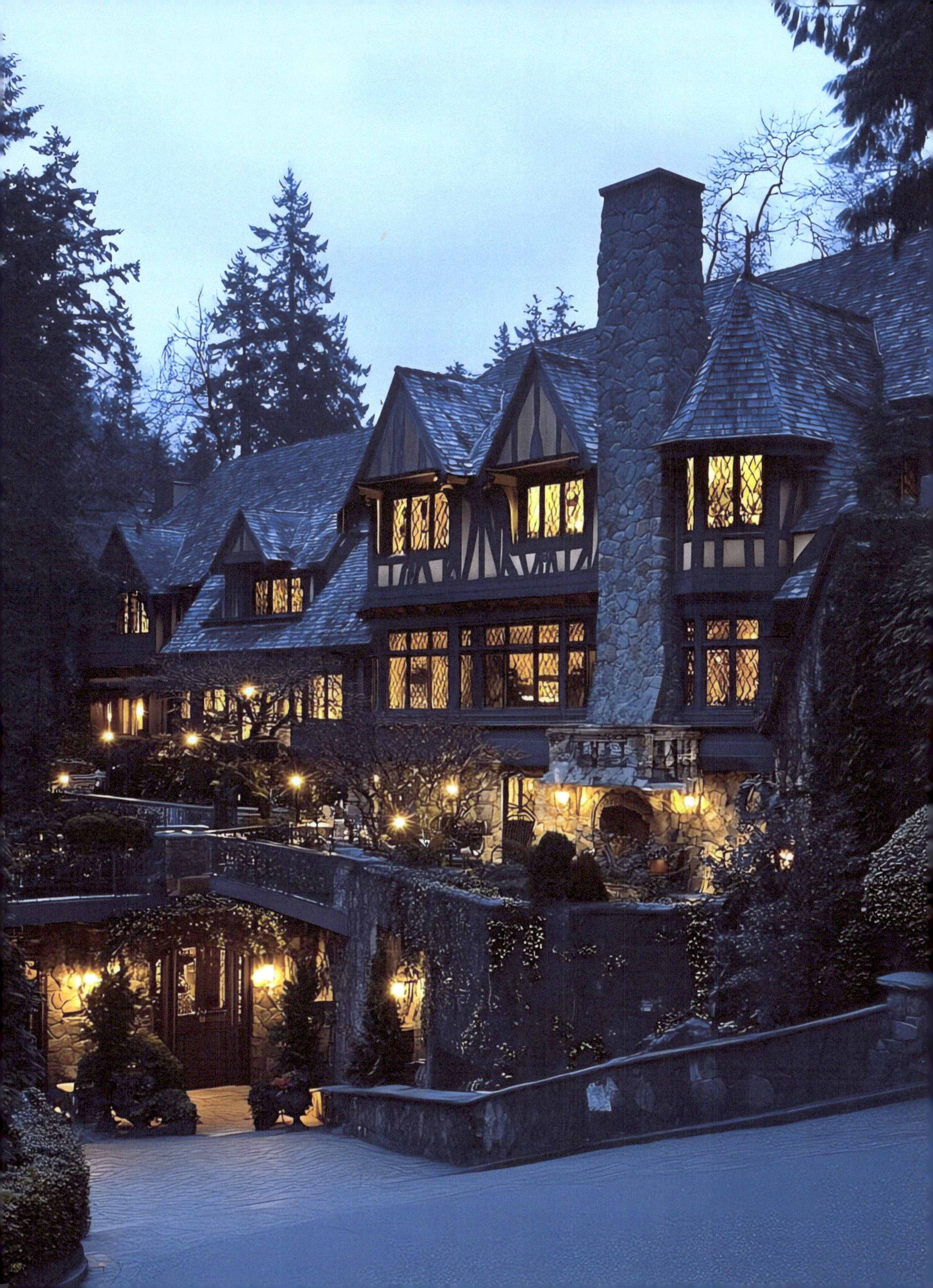

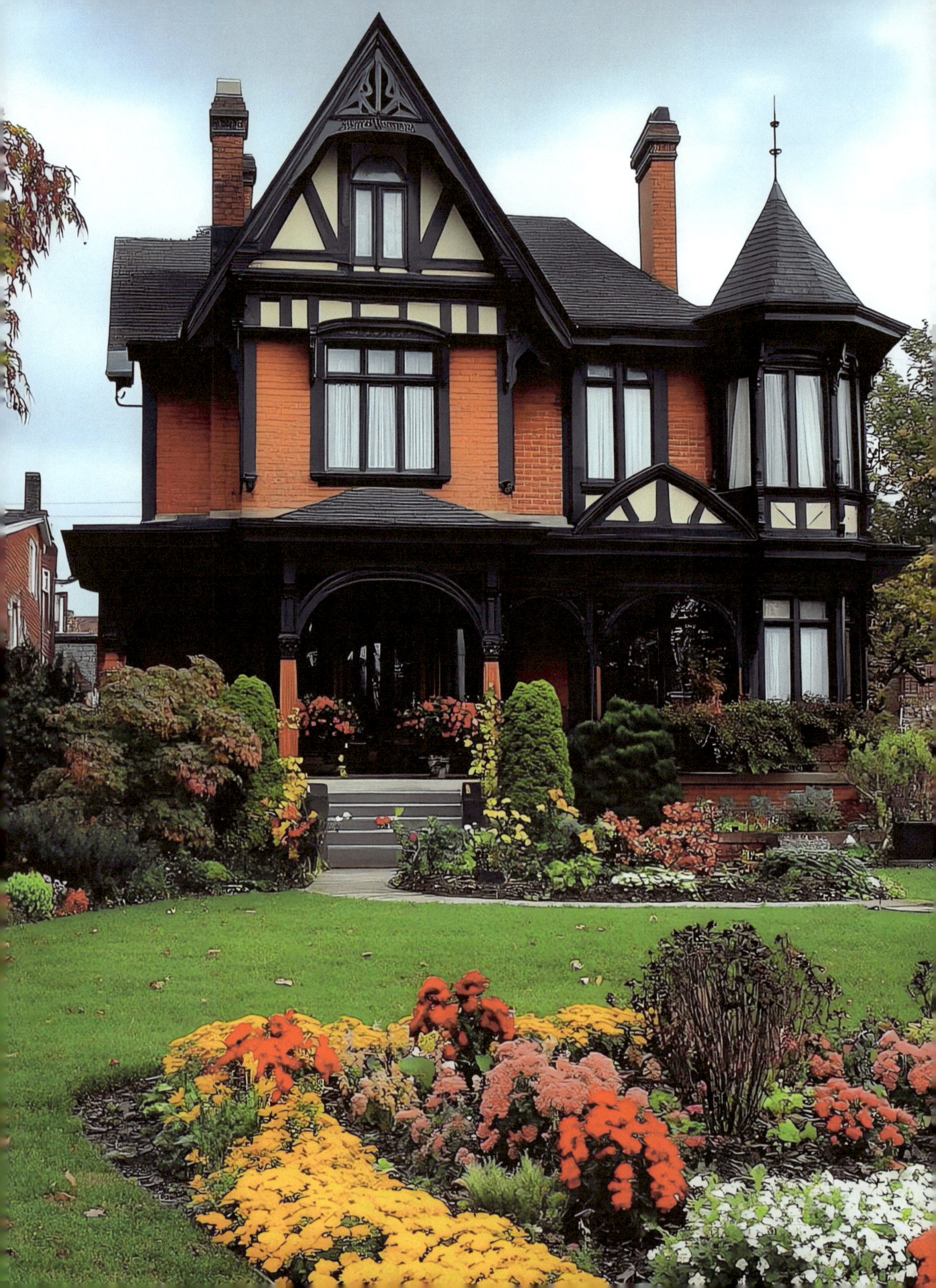

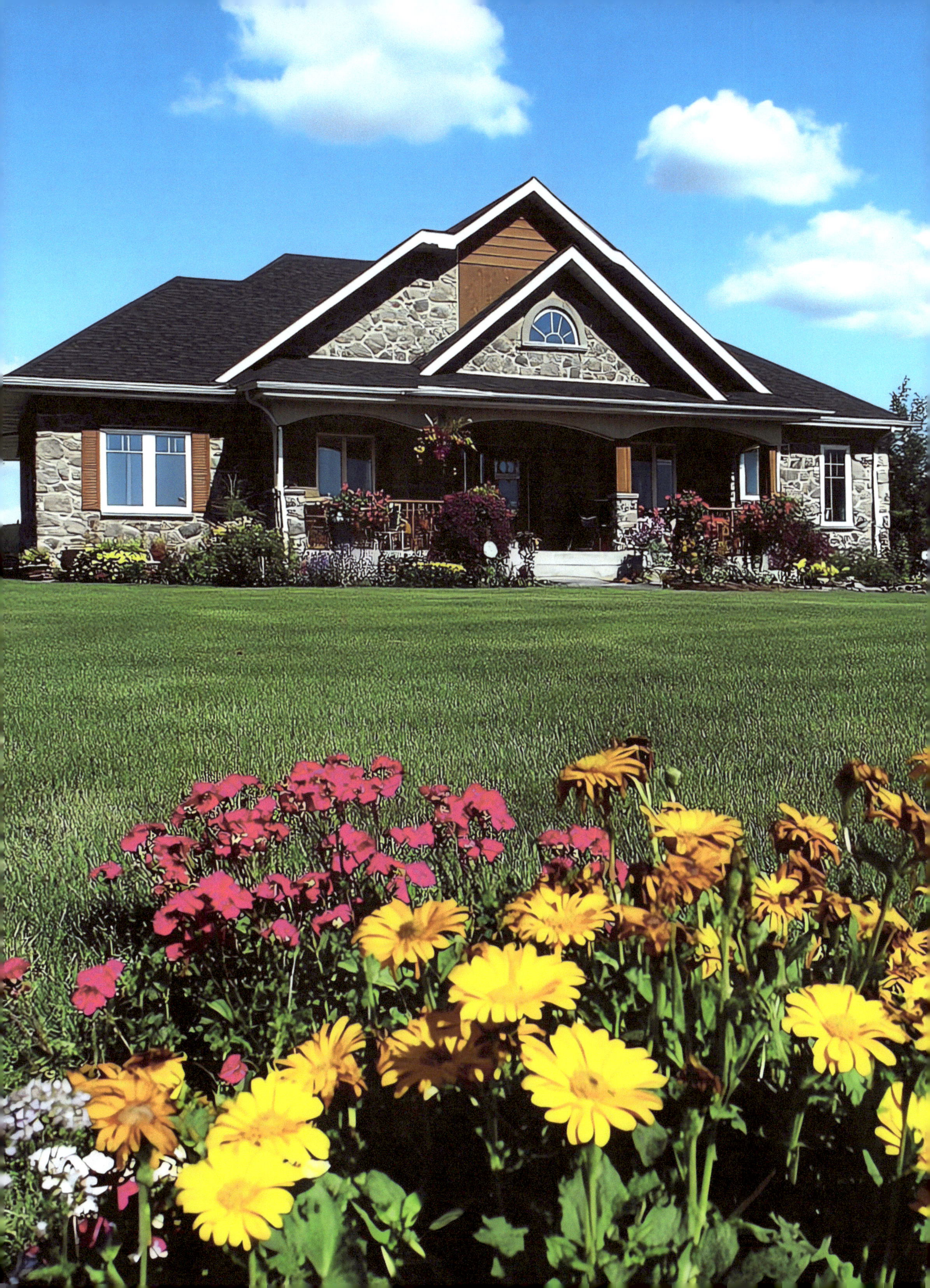

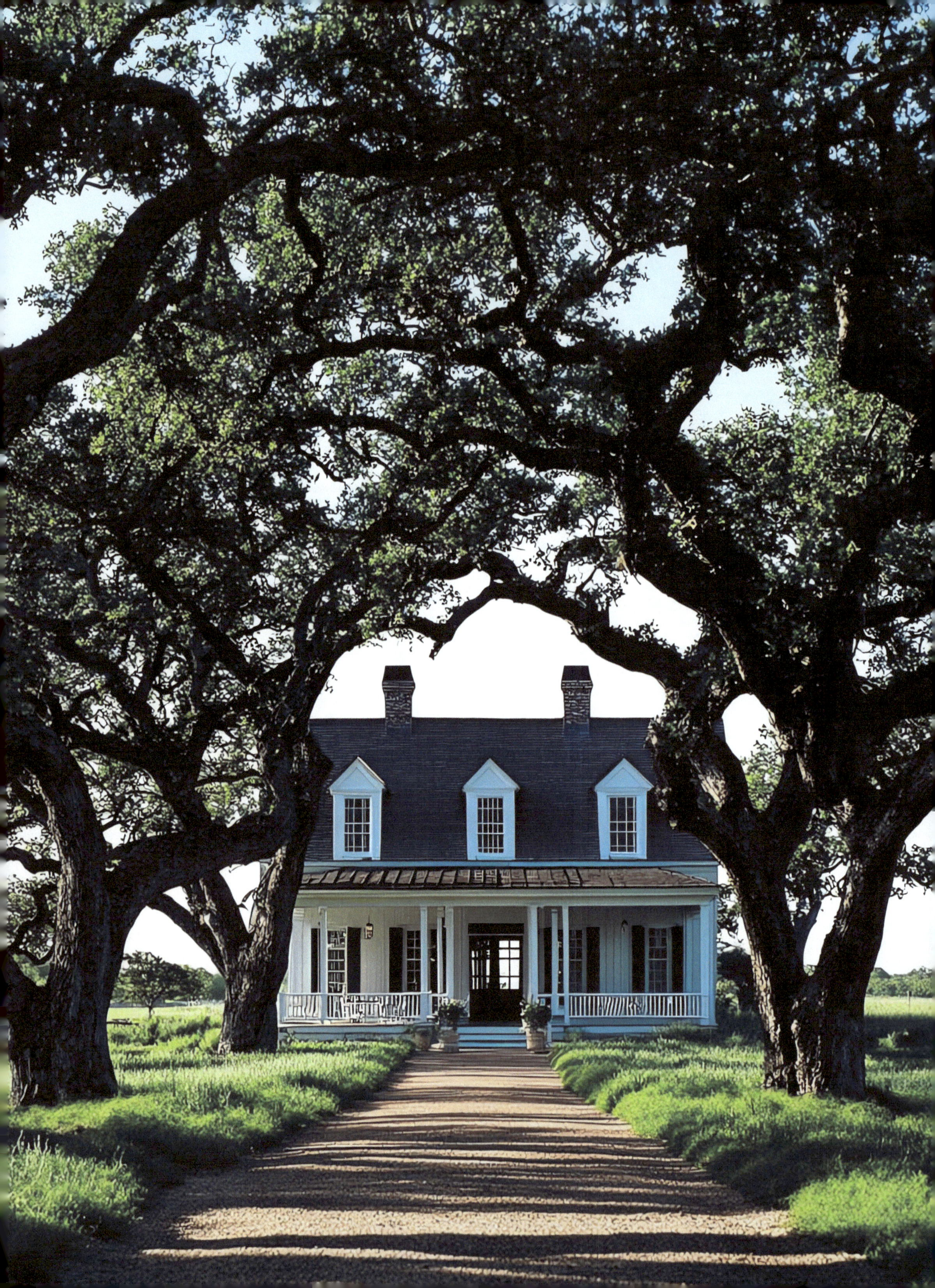

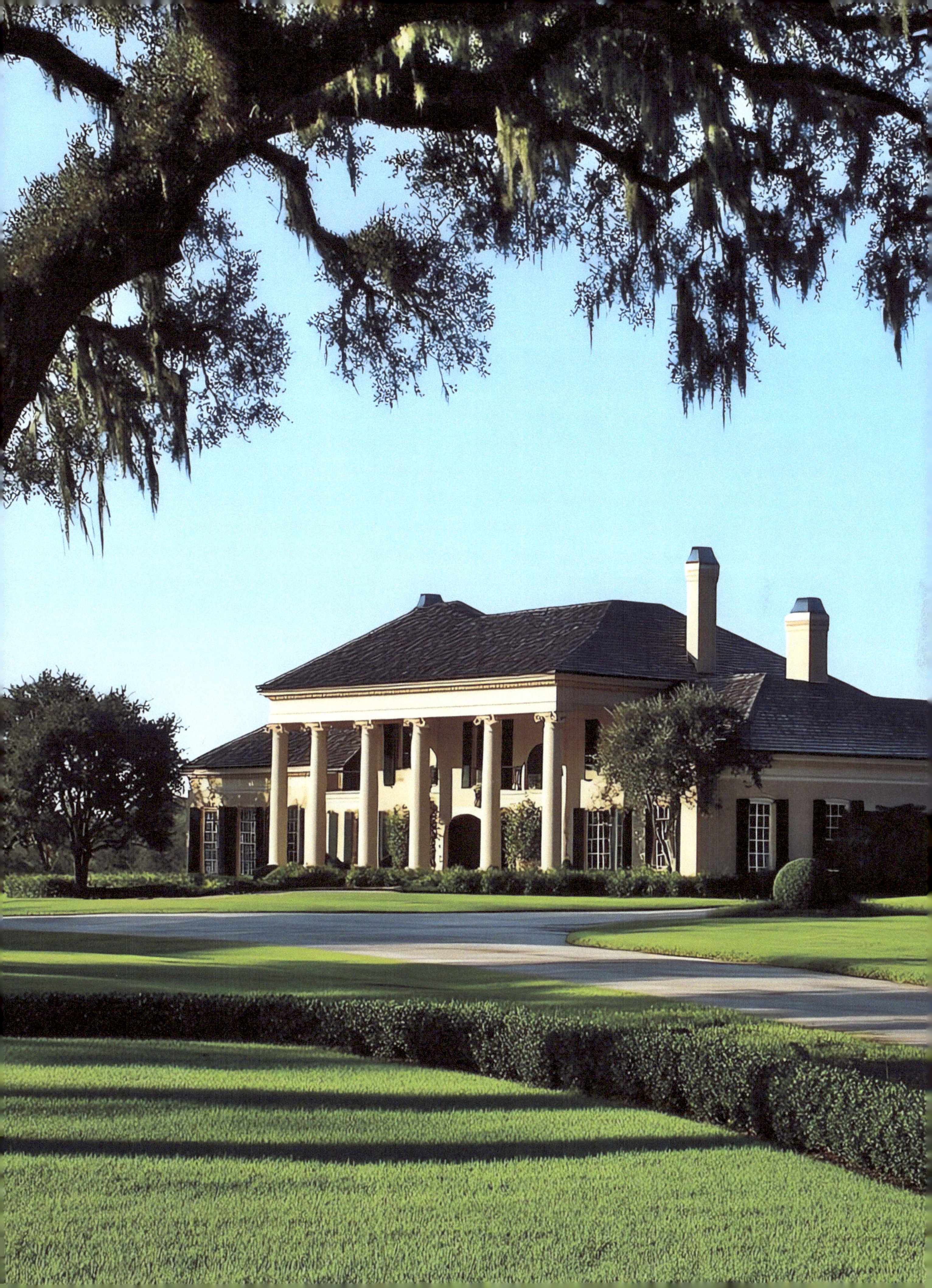

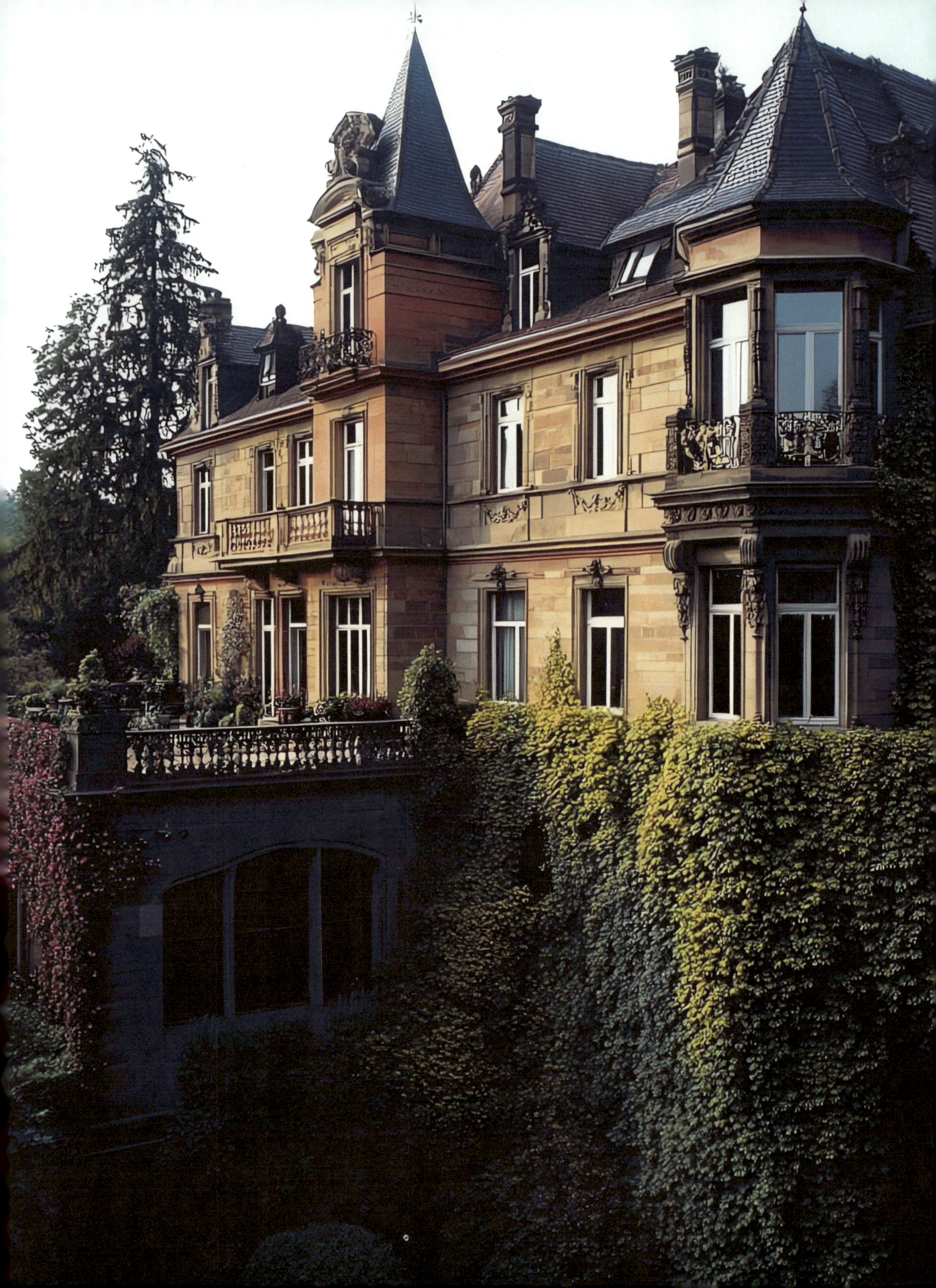

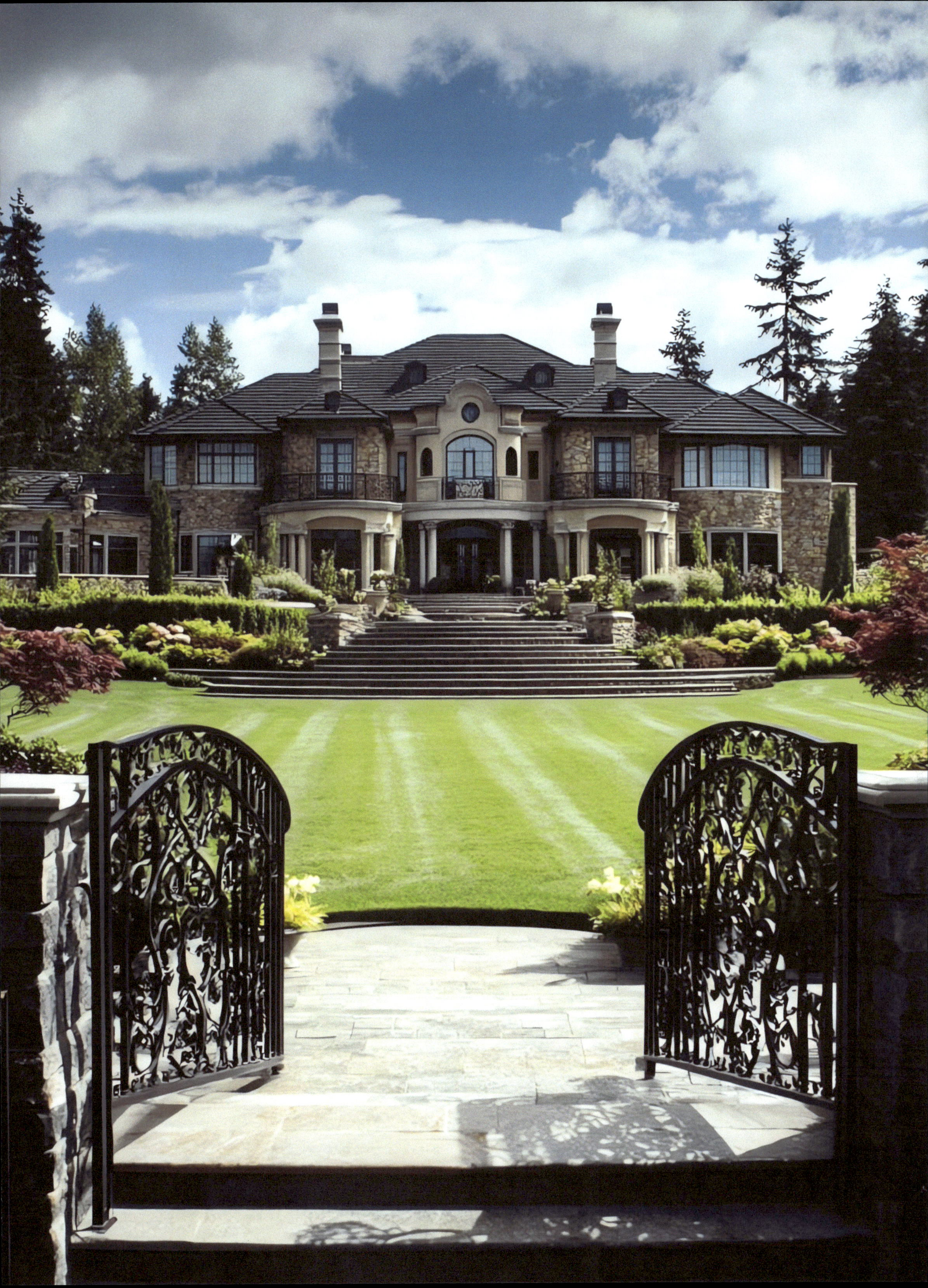

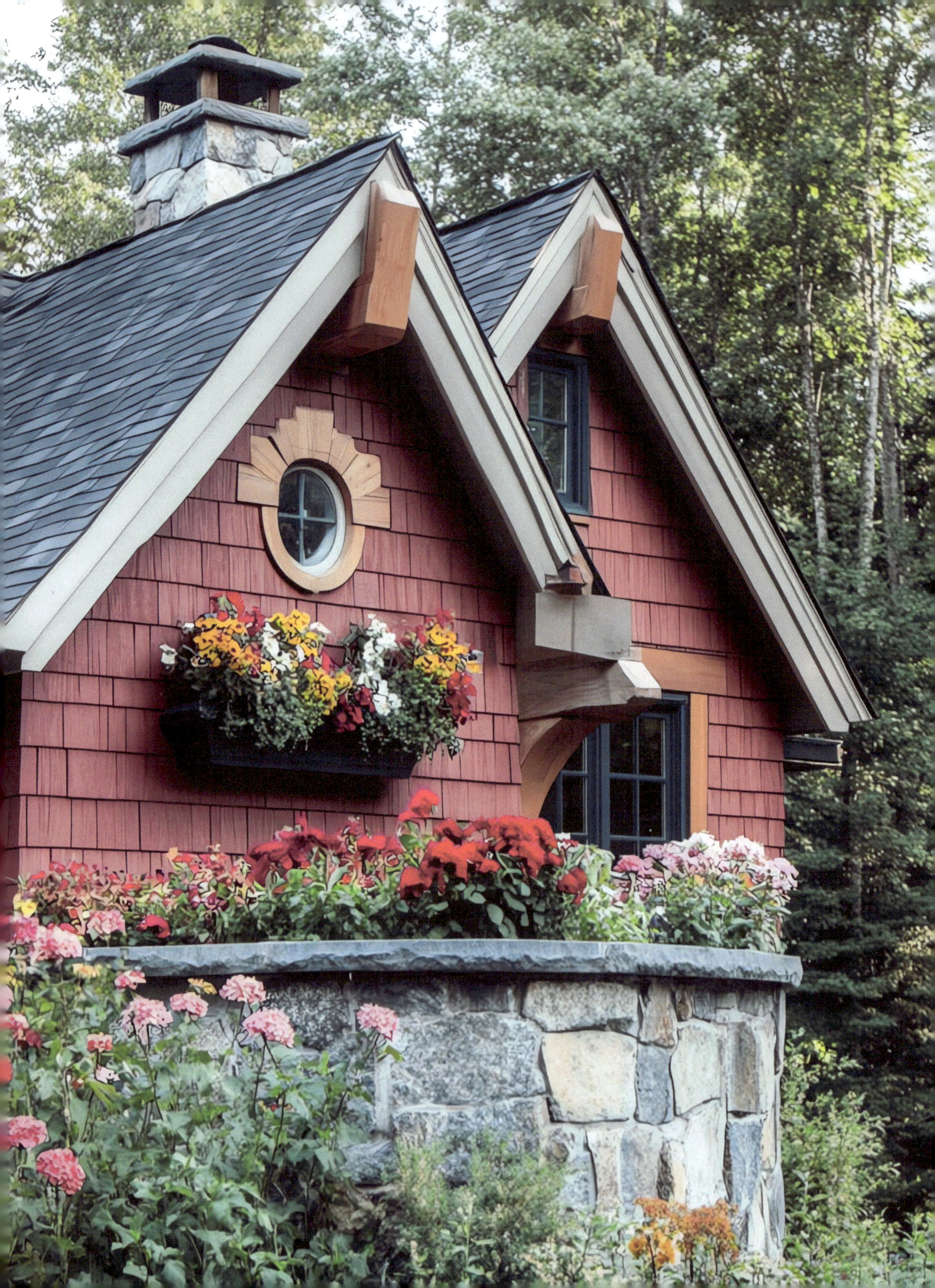

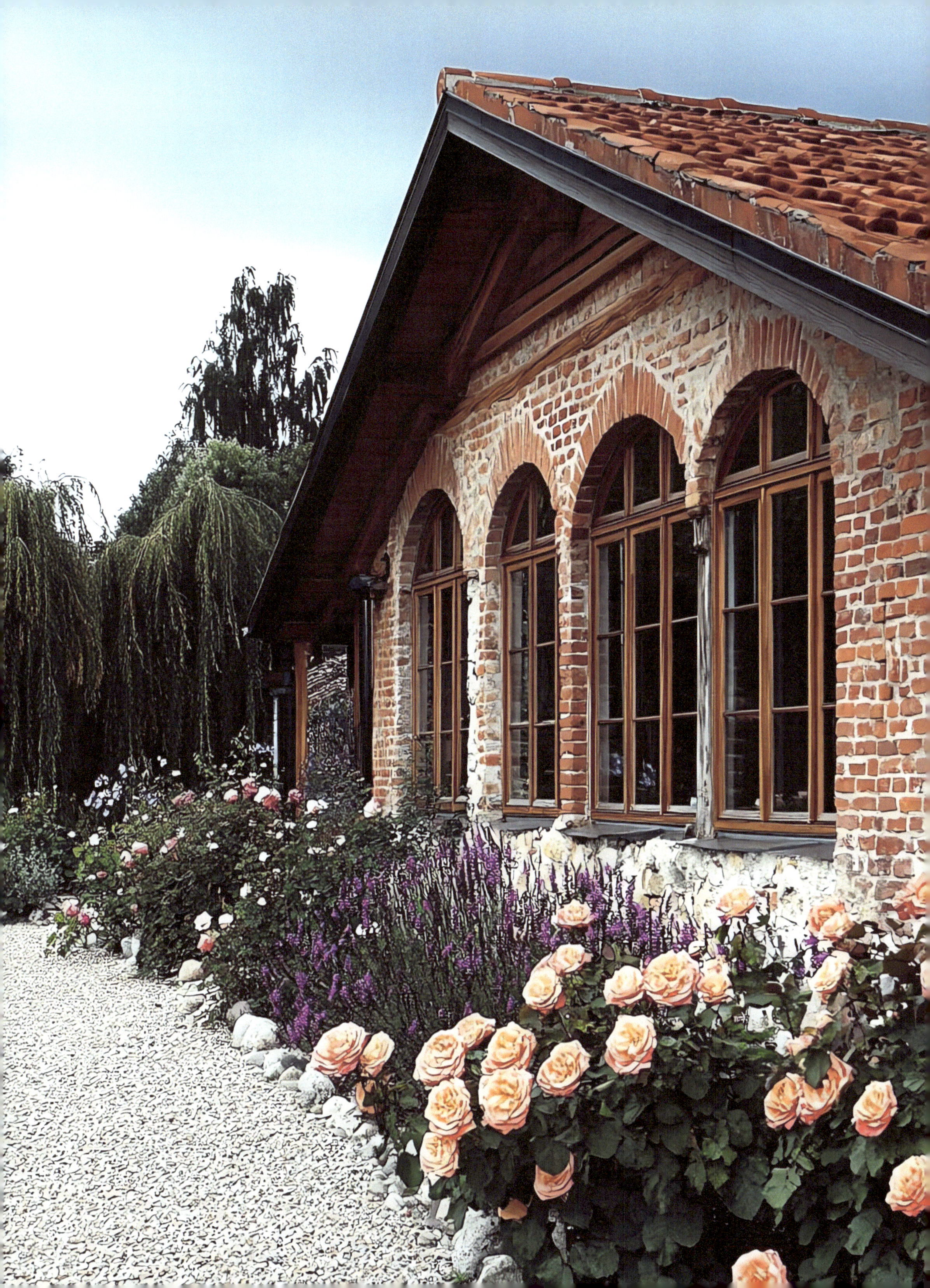

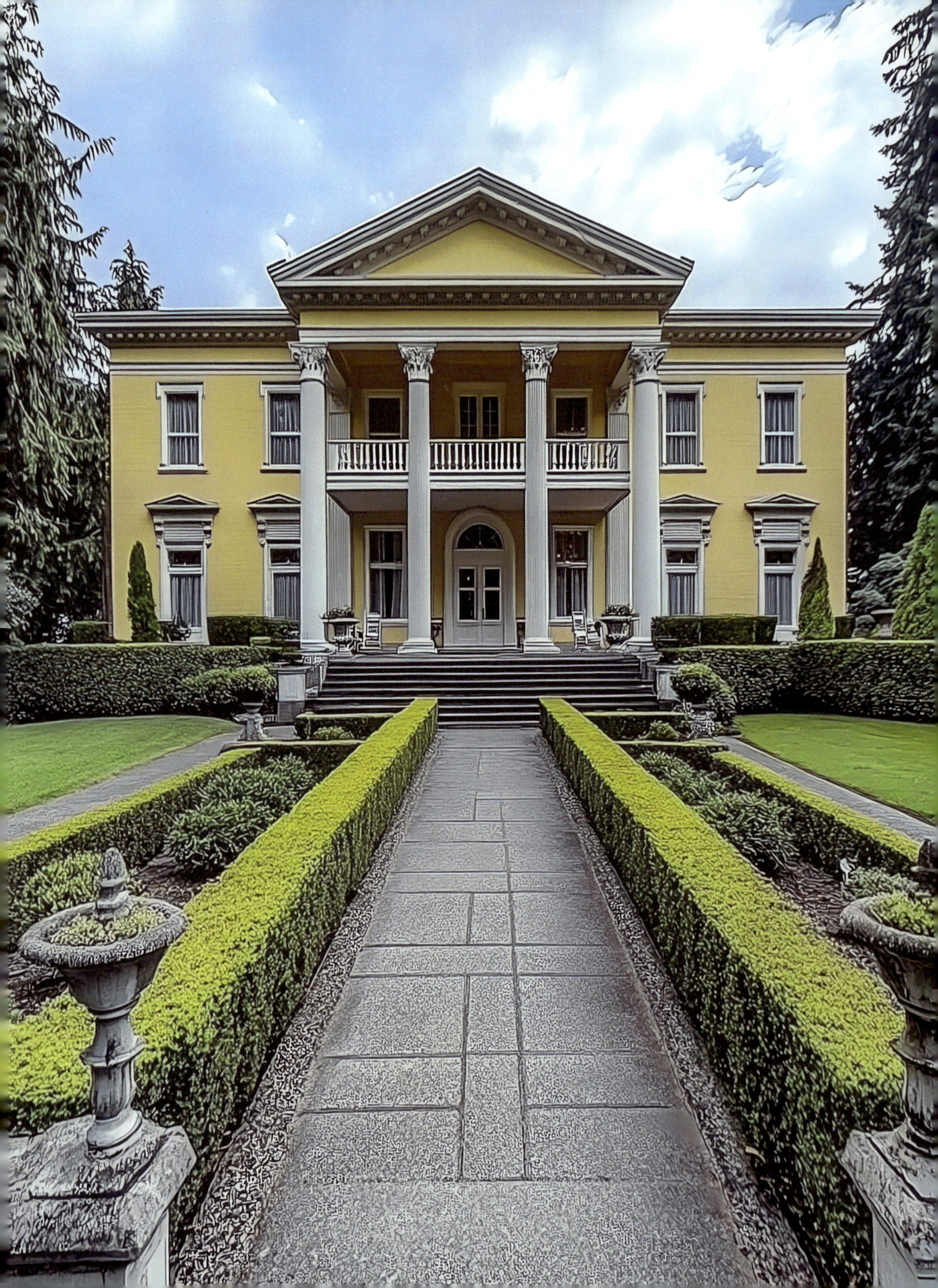

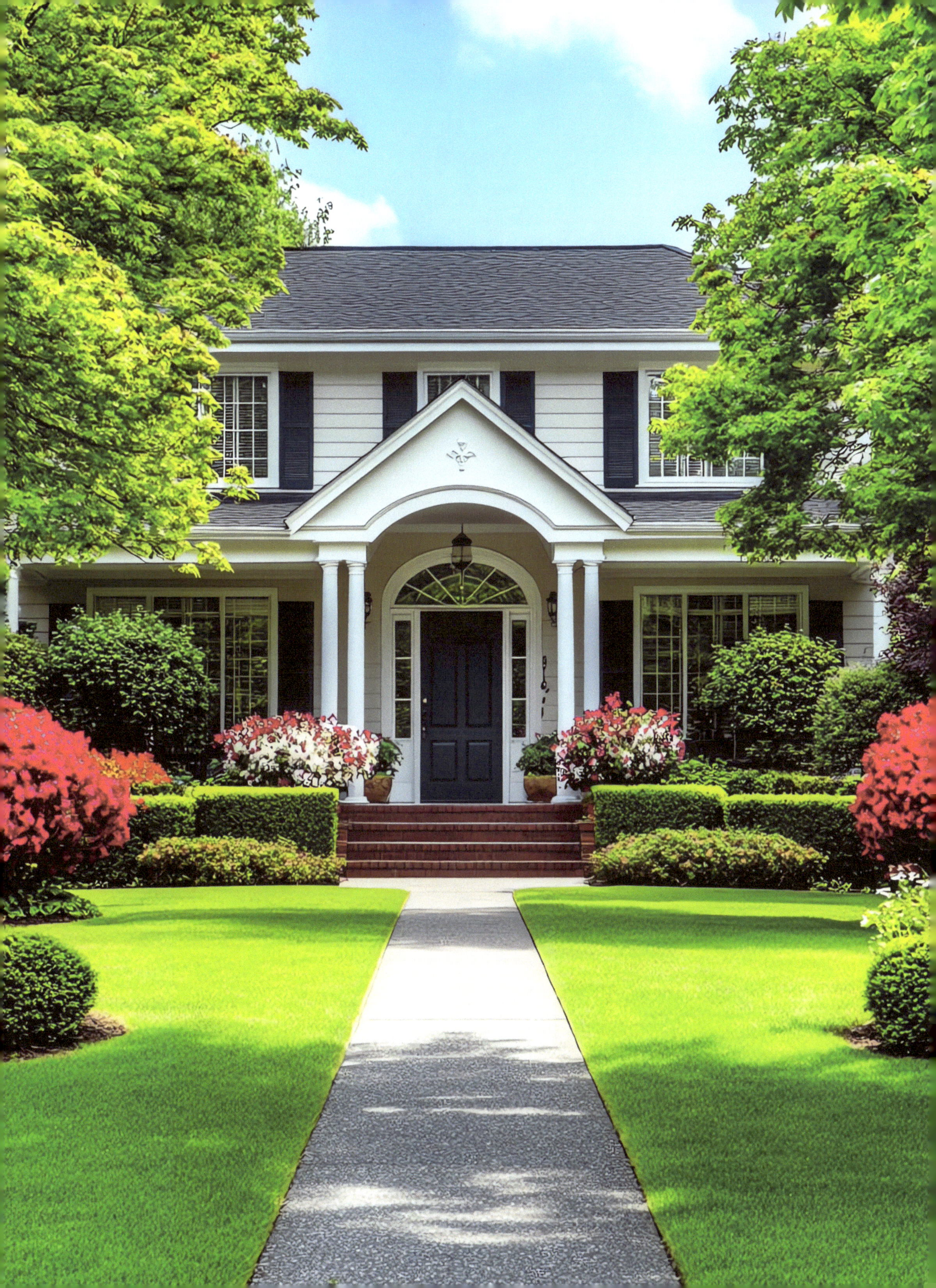

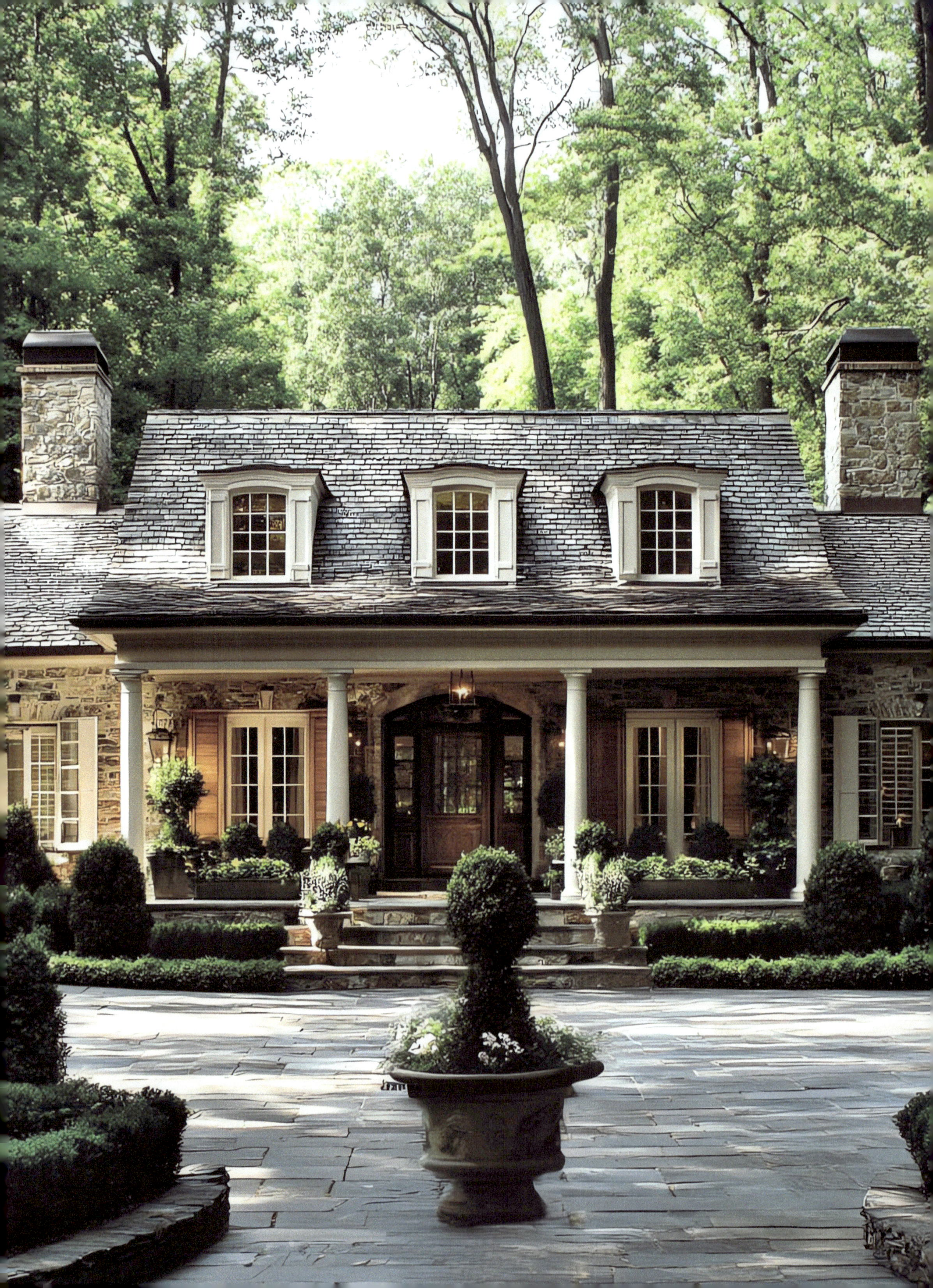

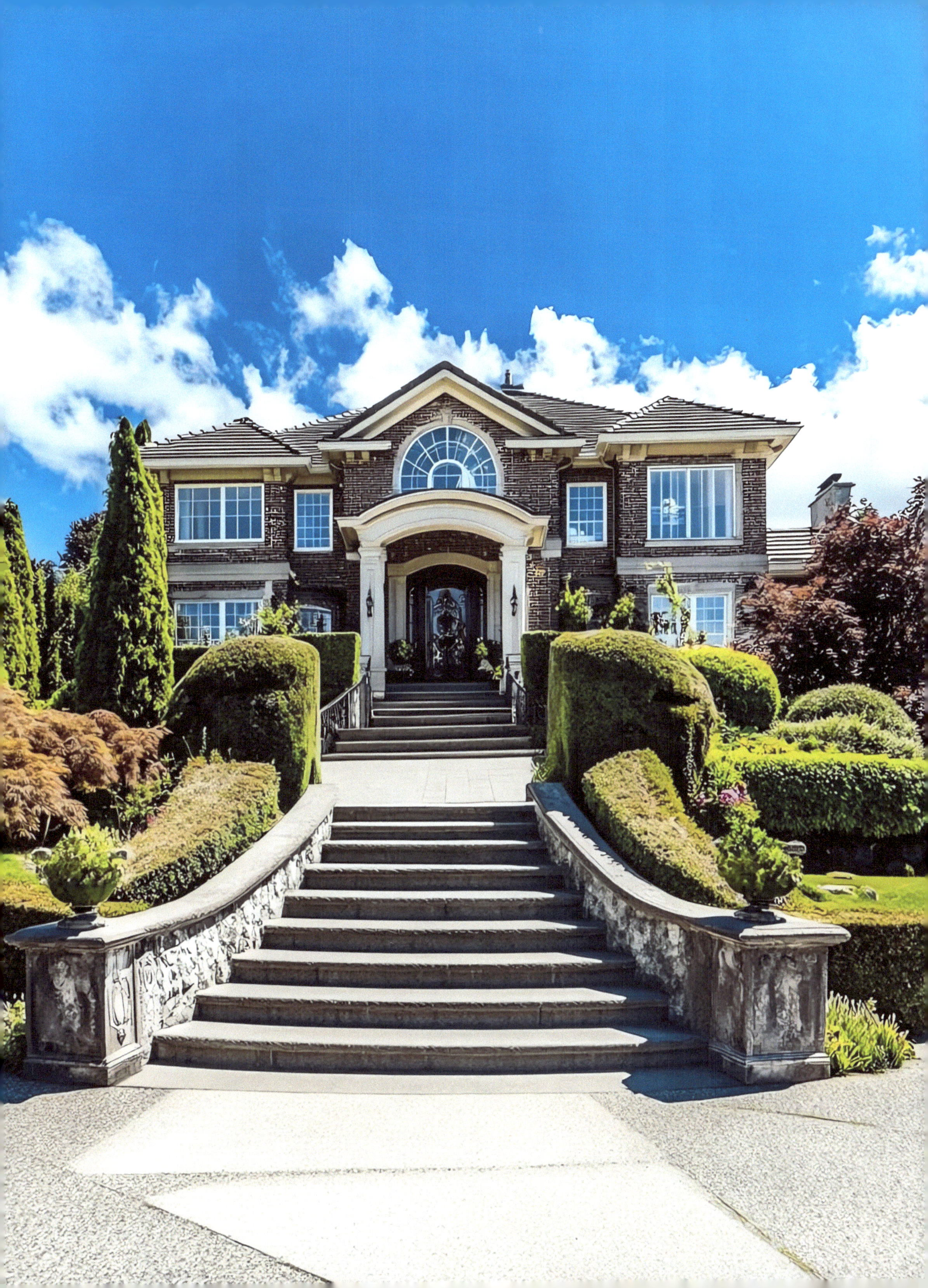

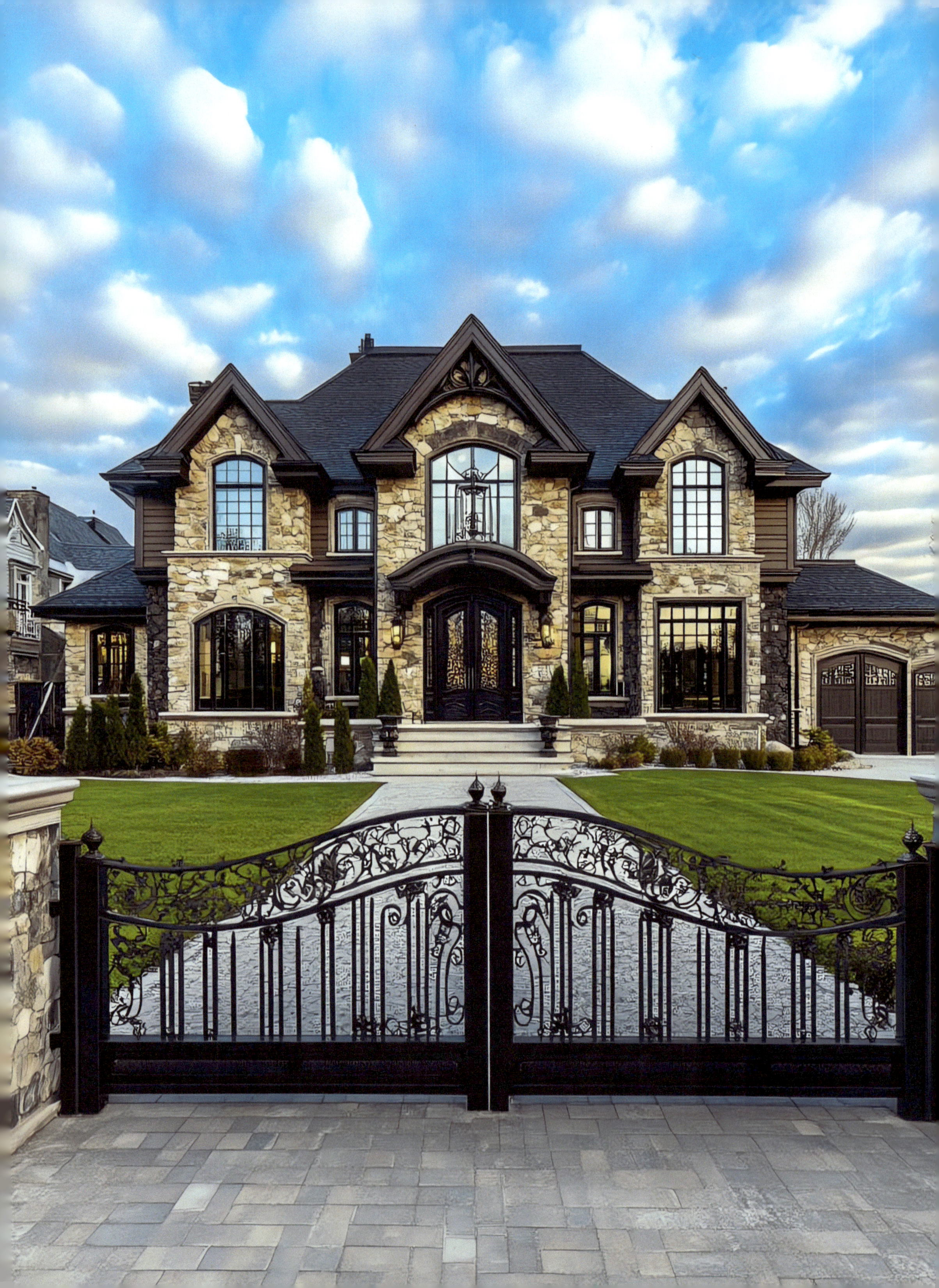

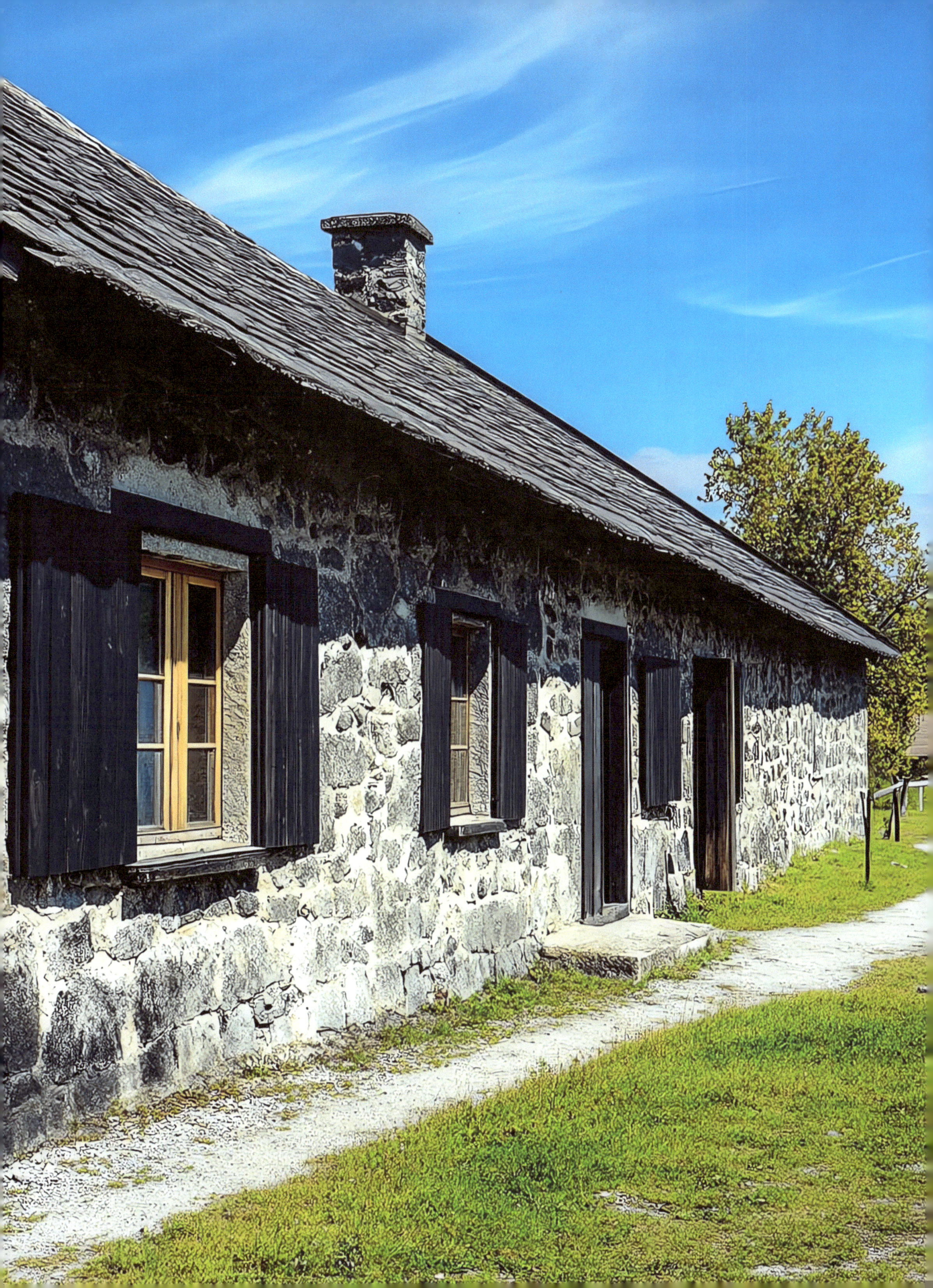

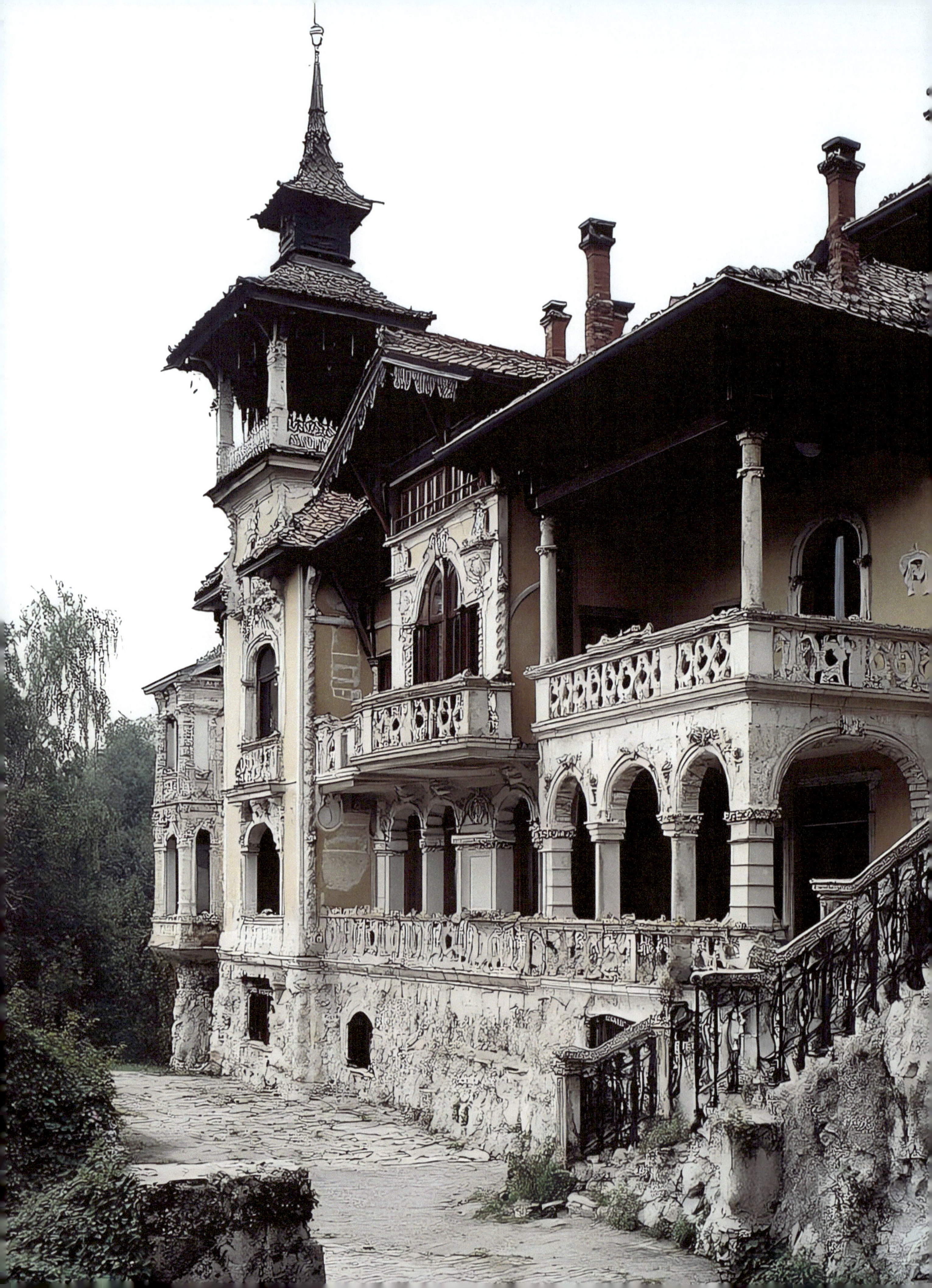

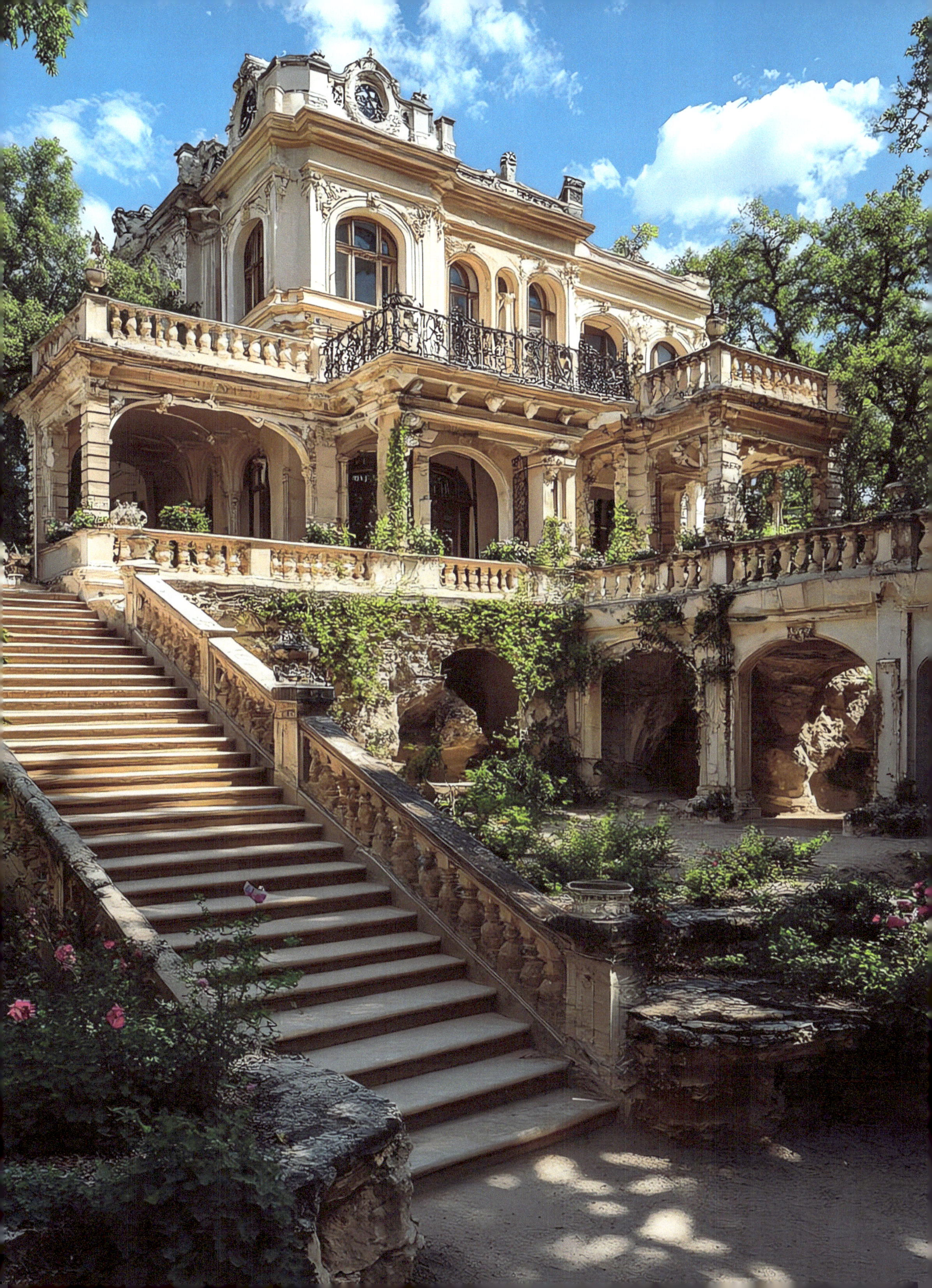

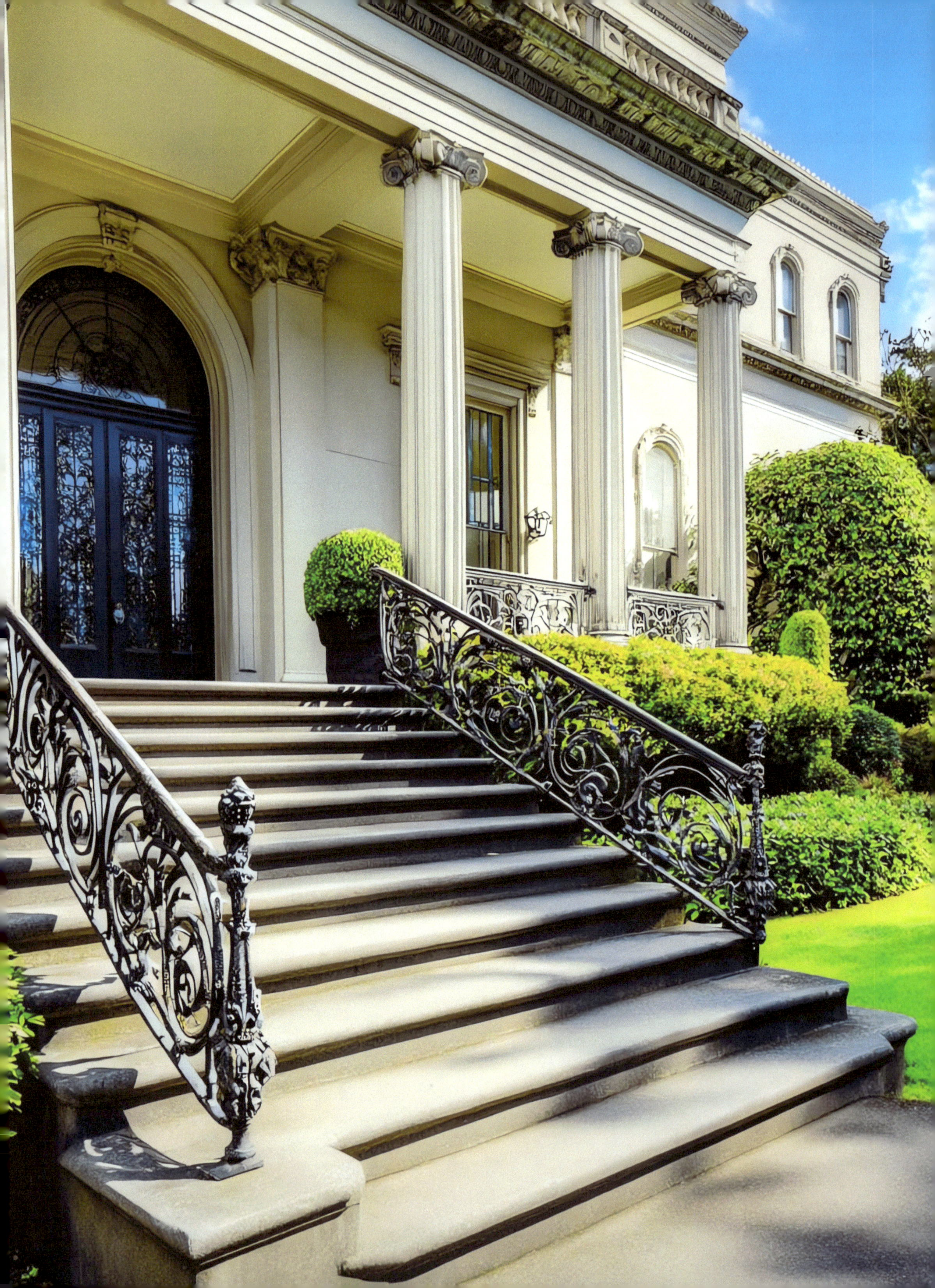

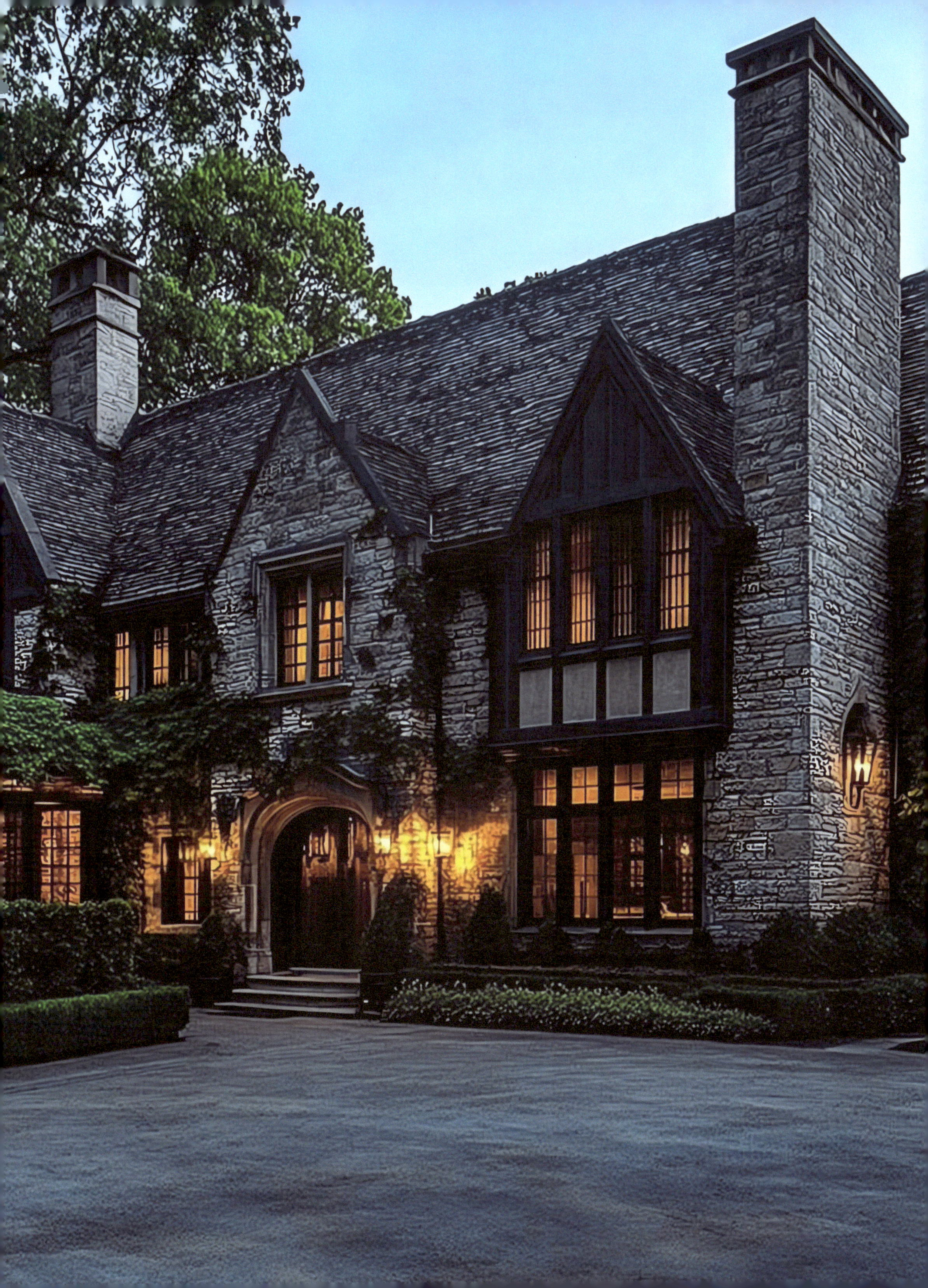

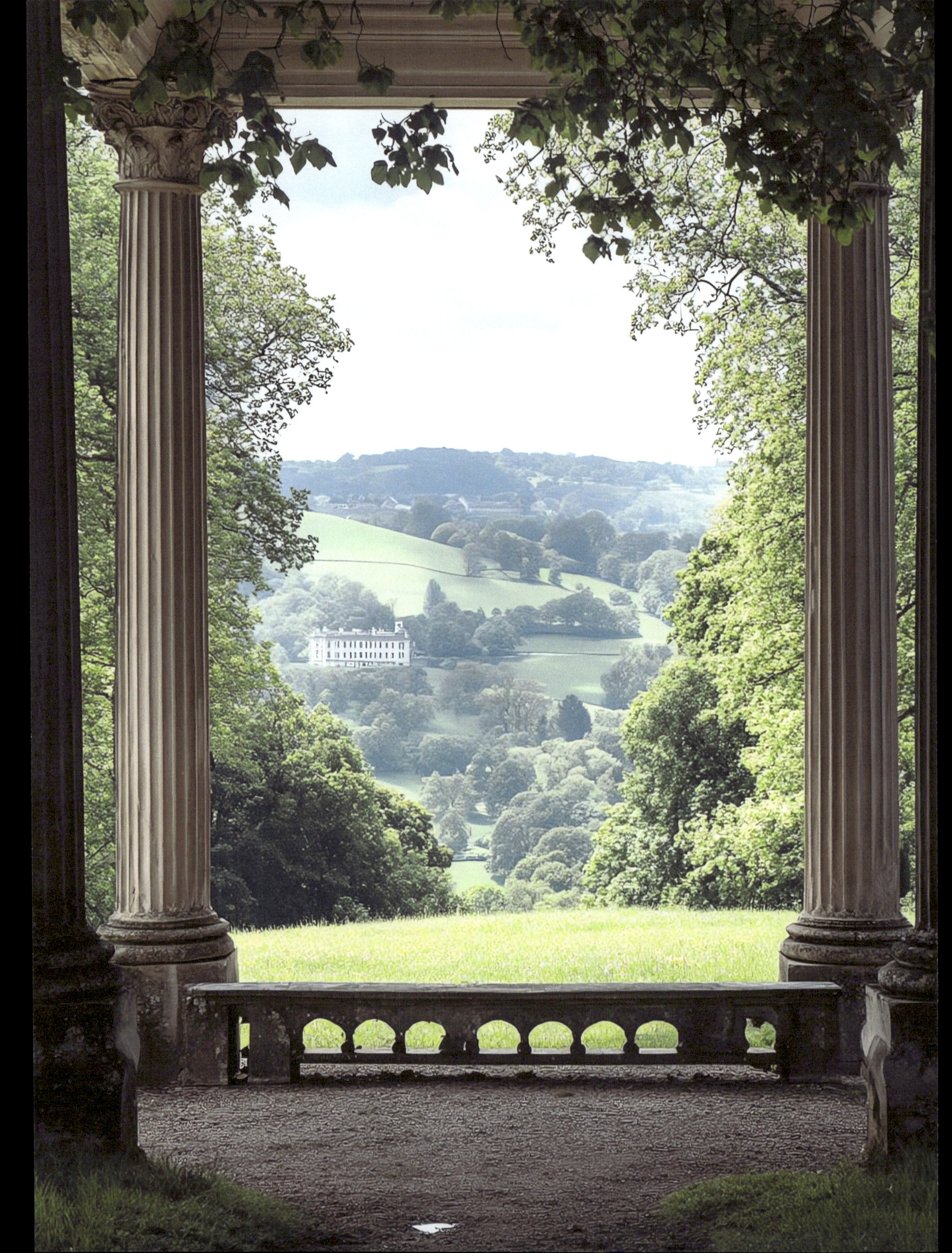

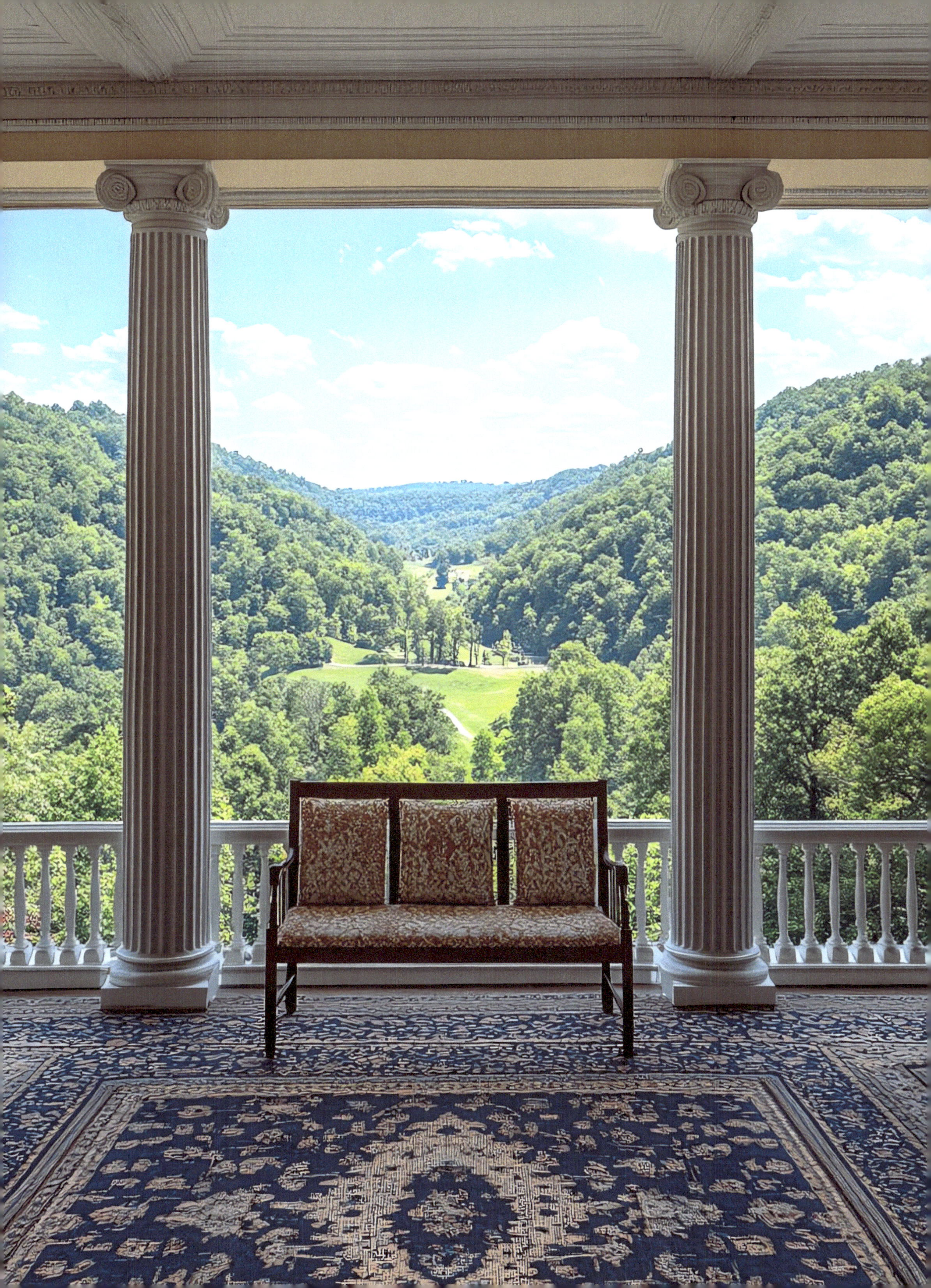

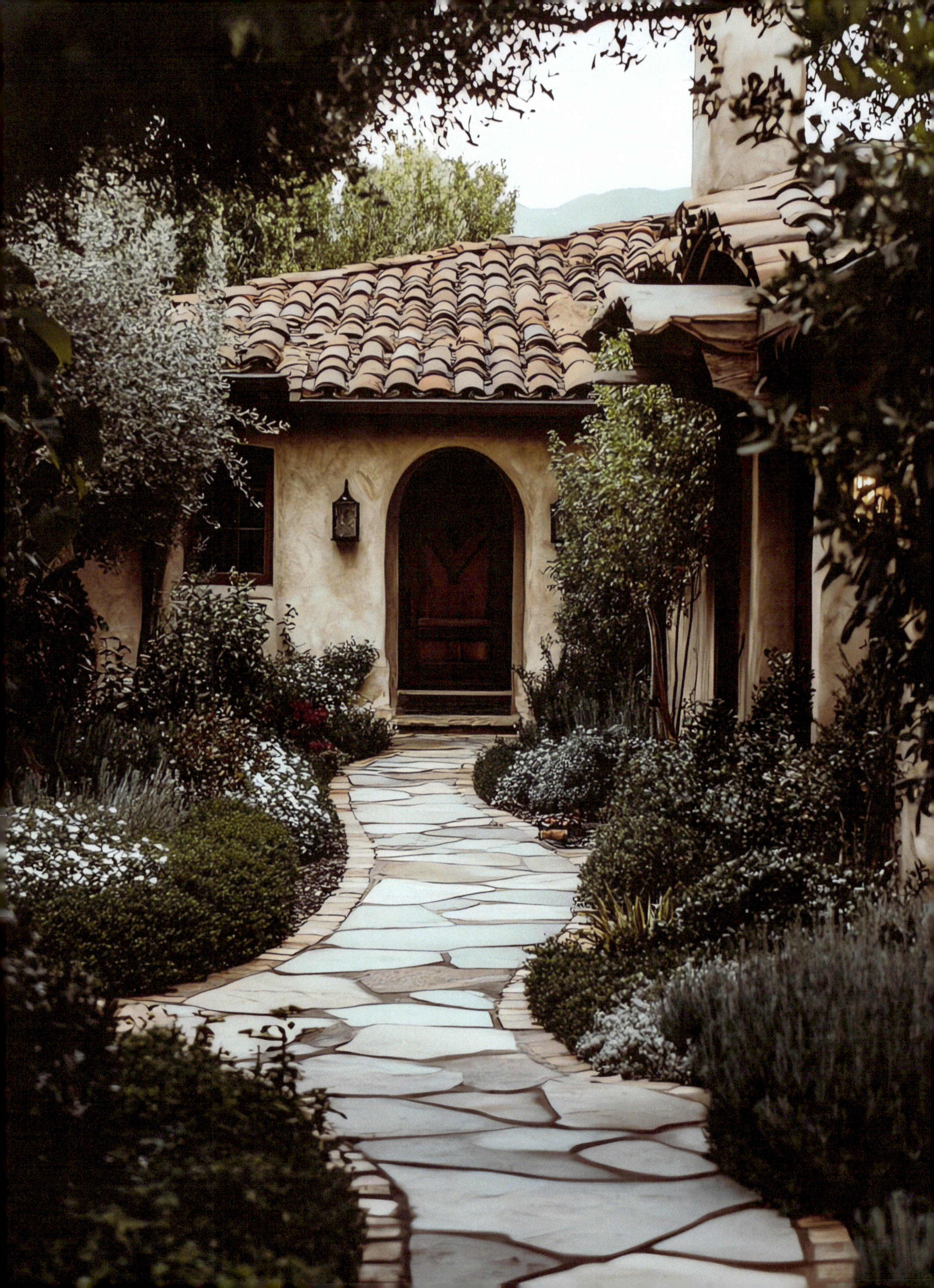

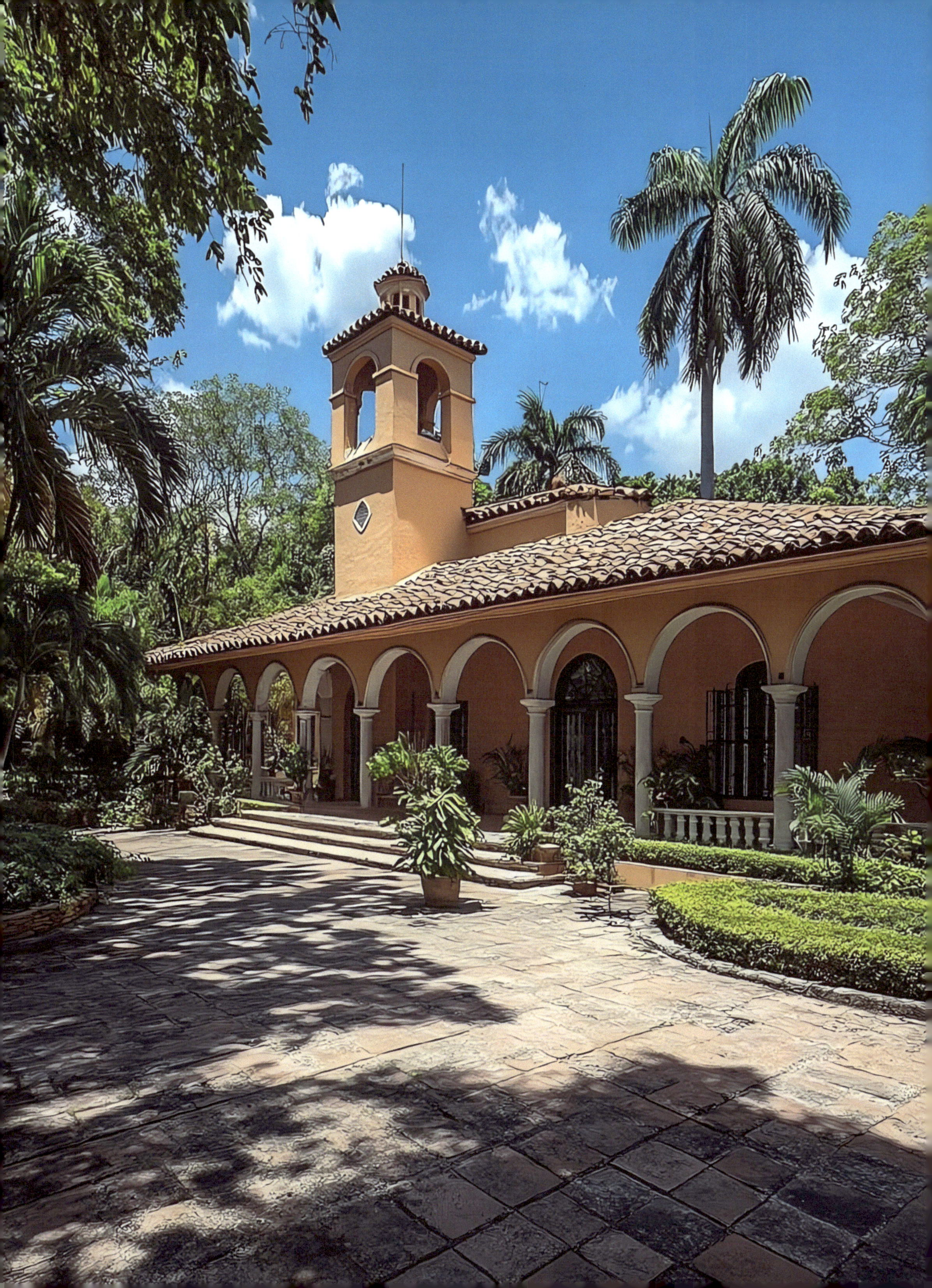

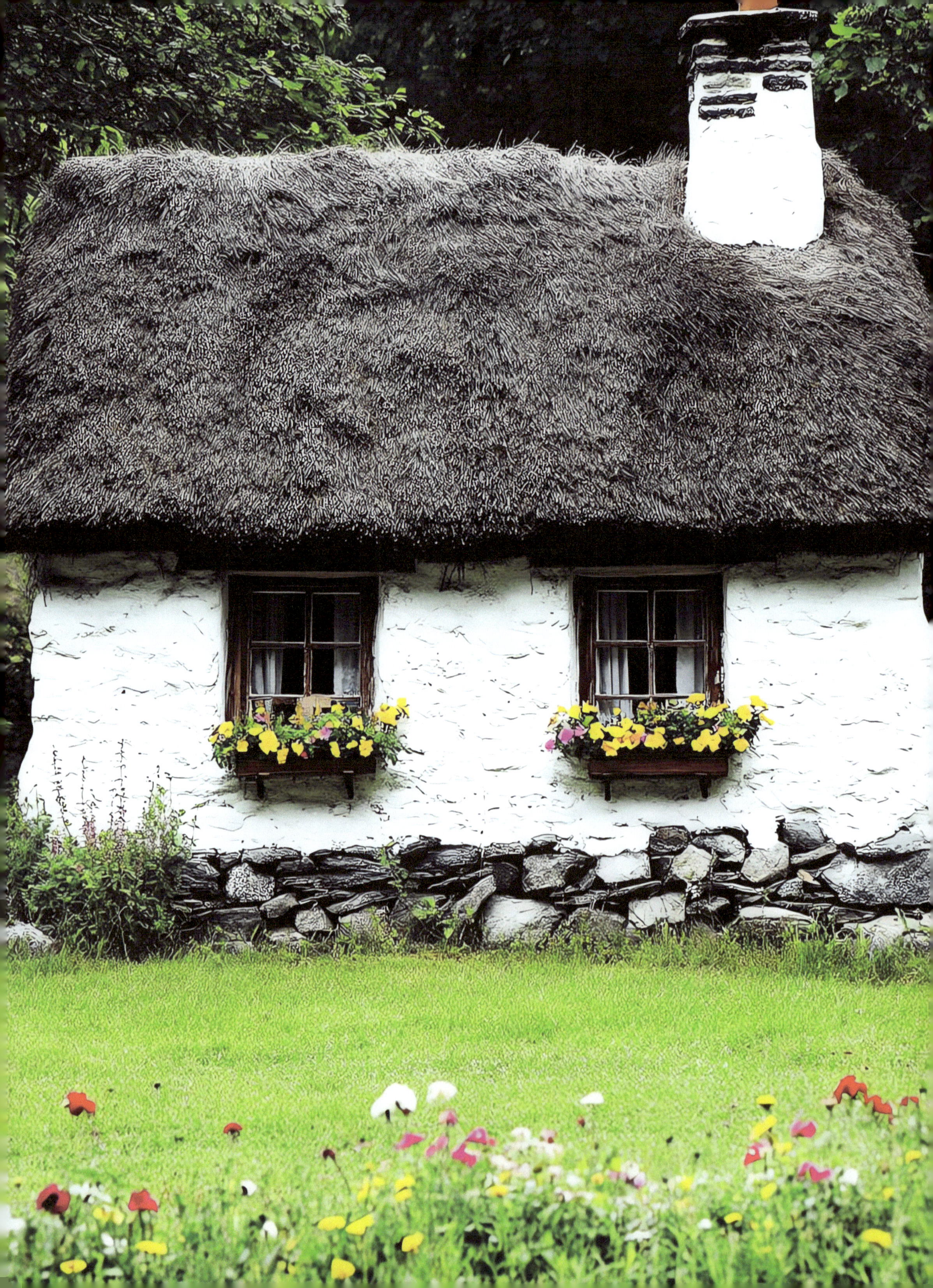

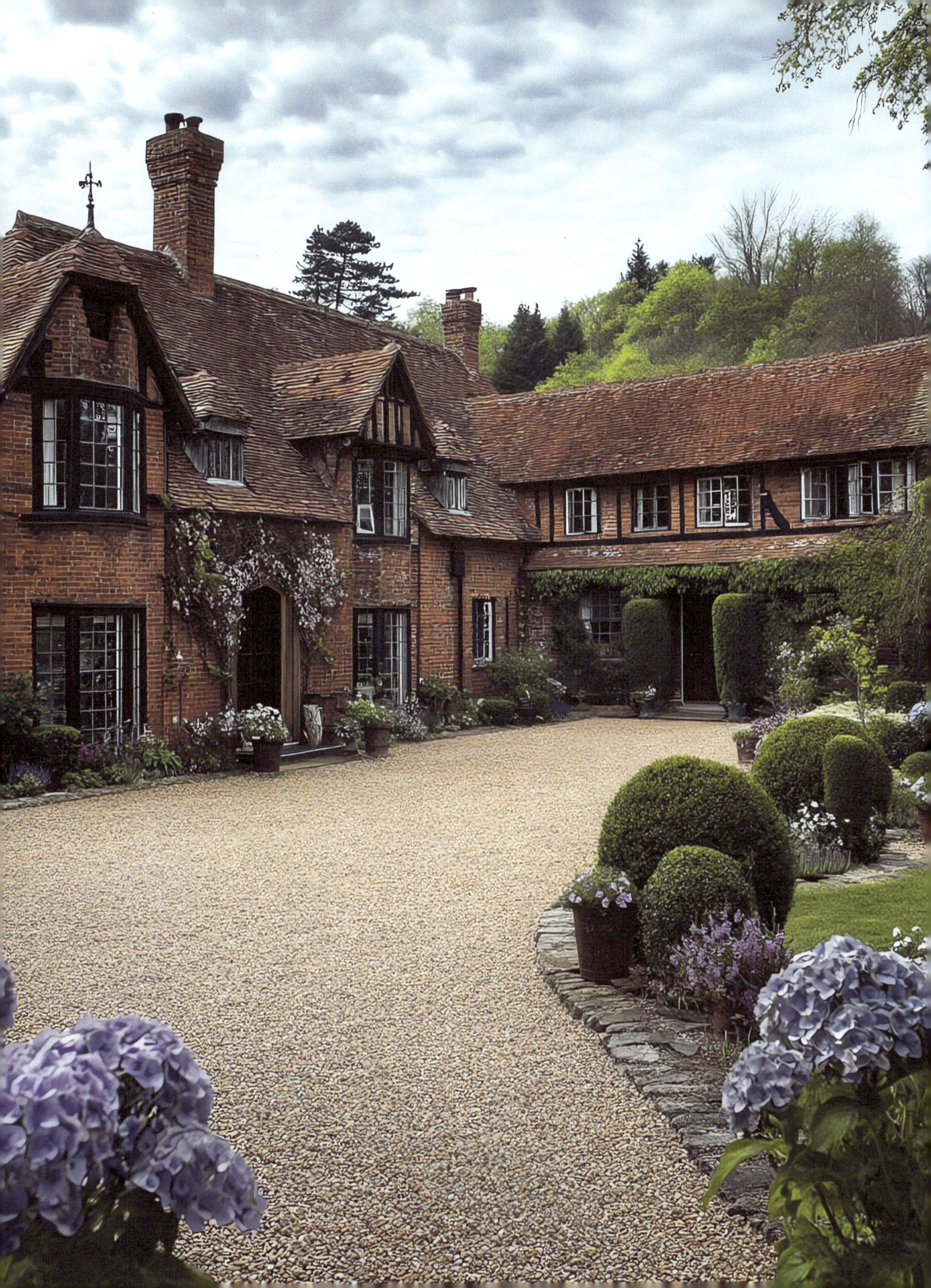

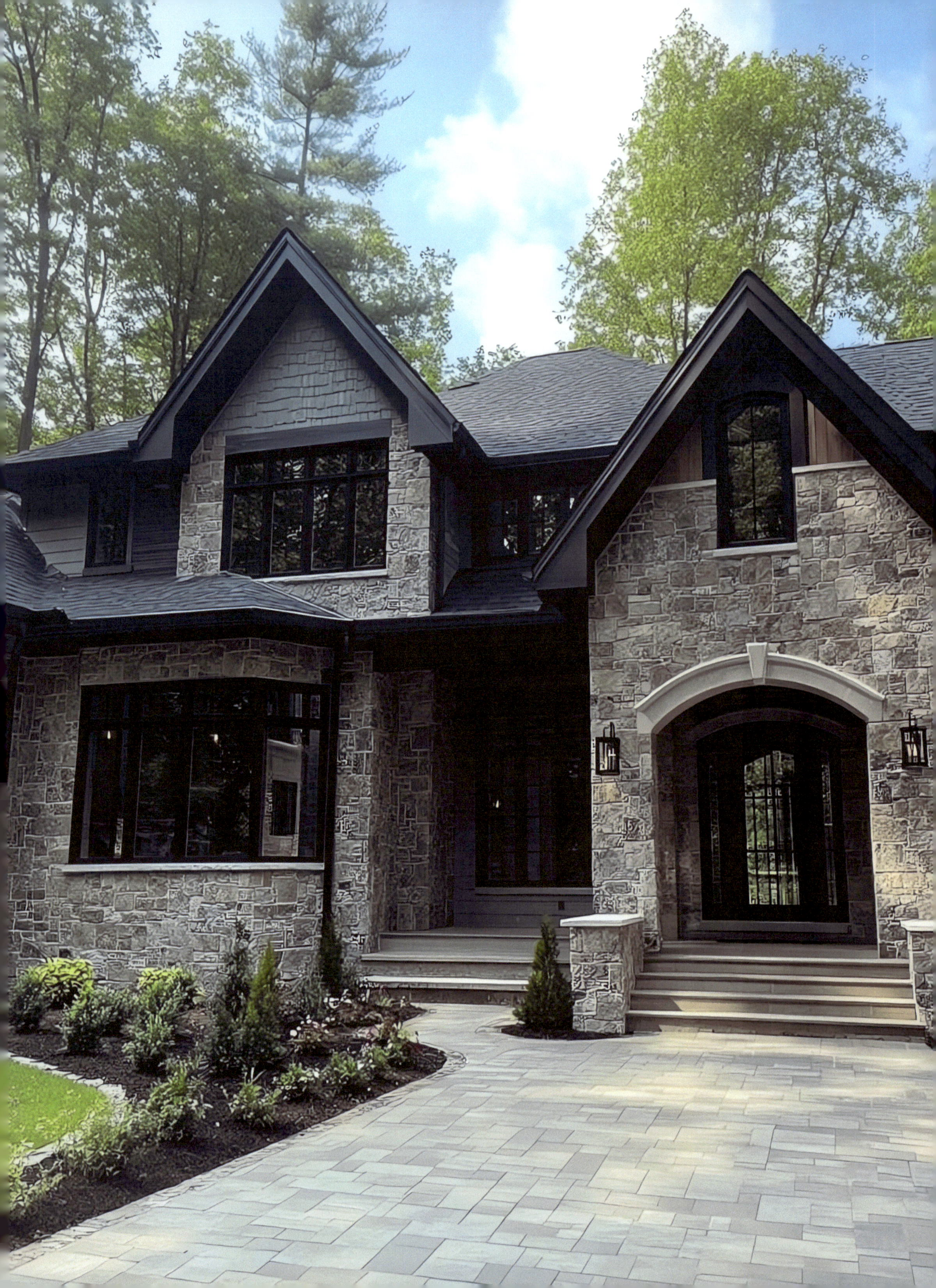

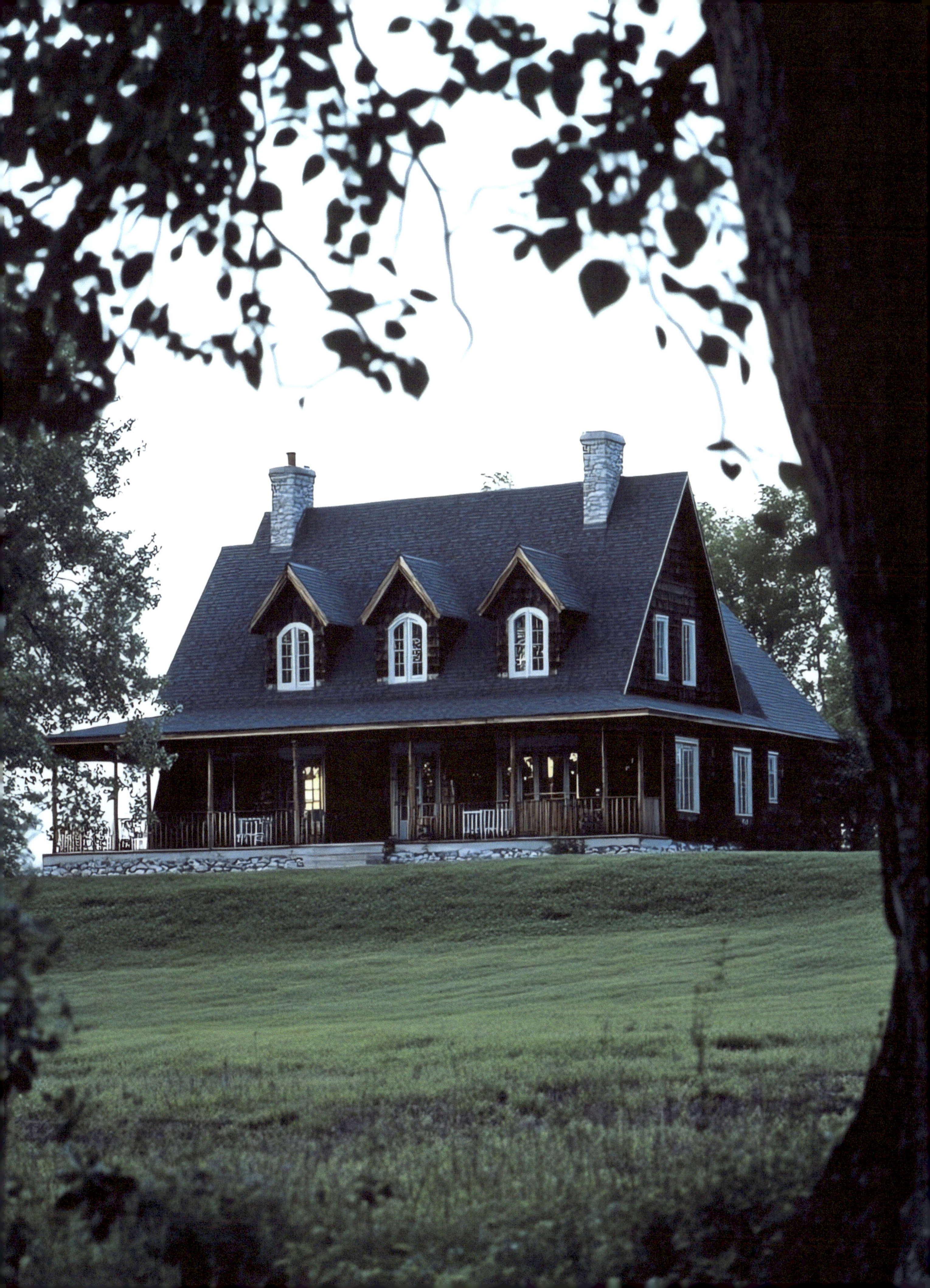

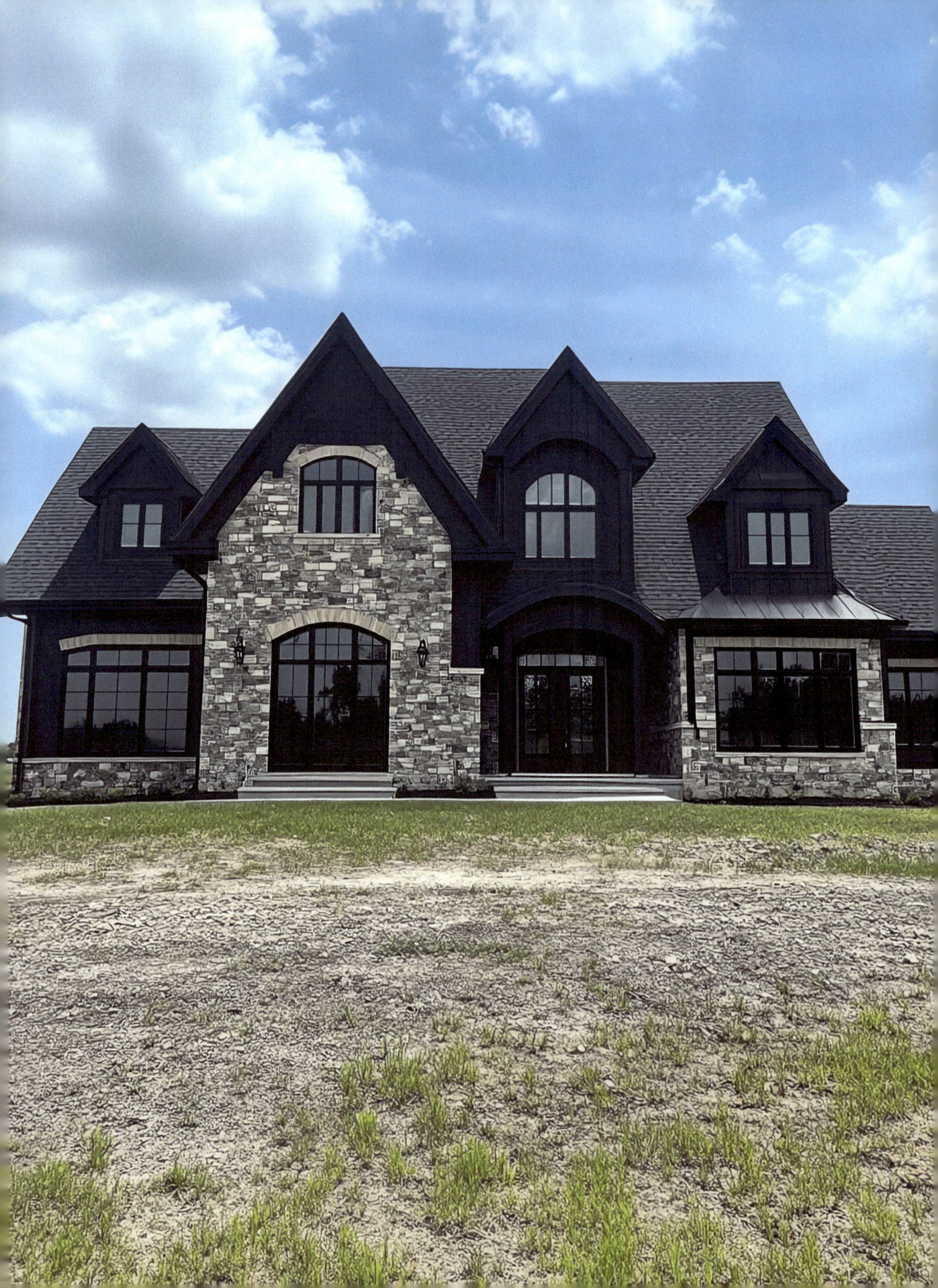

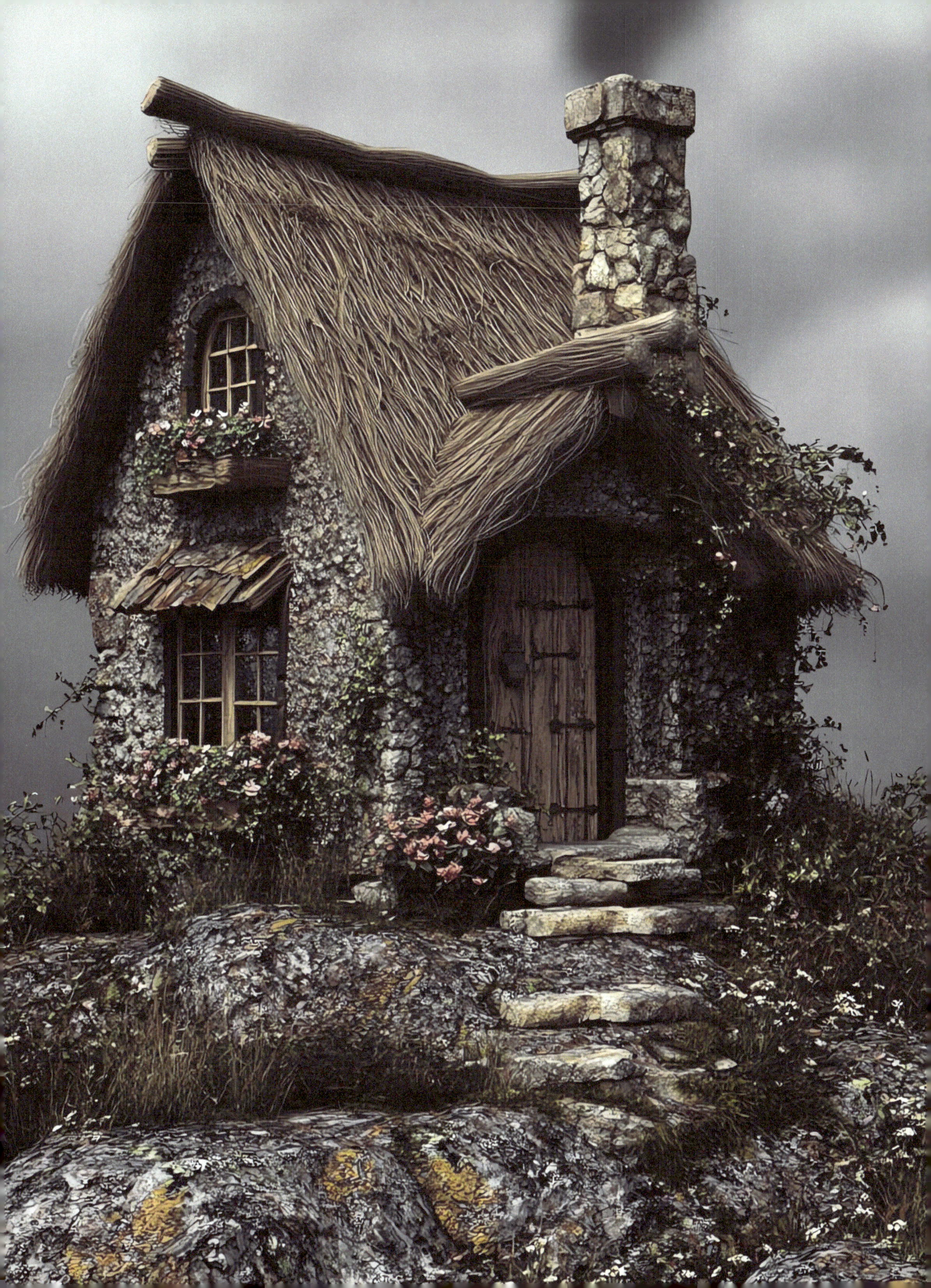

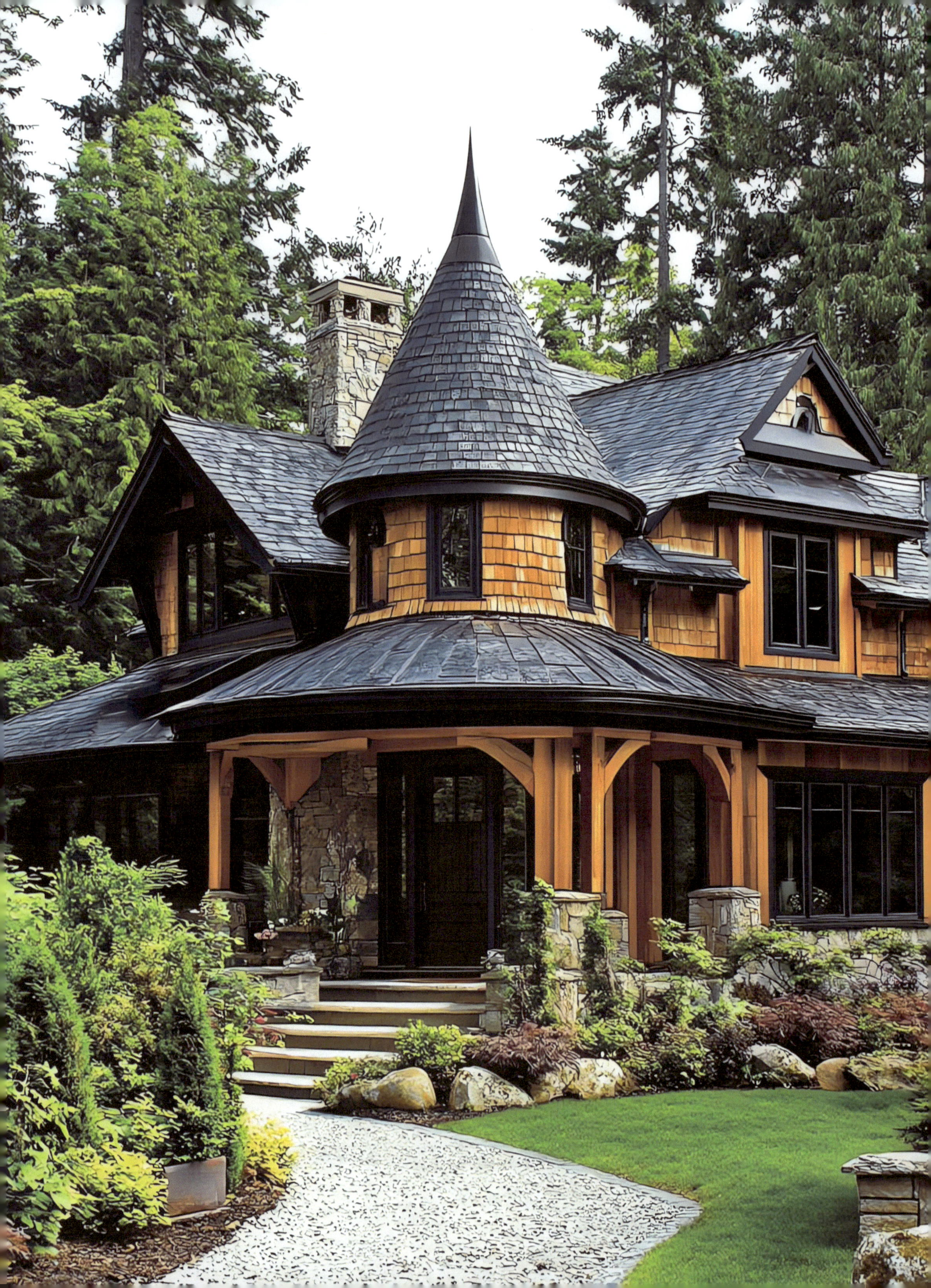

www.ingramcontent.com/pod-product-compliance
Lightning Source LLC
Chambersburg PA
CBHW040430220526
45473CB00004B/1399
* 9 7 9 8 3 0 1 2 2 2 5 5 9 *